LA VERDADERA

HISTORIA DE PERICO

WILFREDO ALVELO

Información sobre impresión disponible en la última página.

ISBN: 978-1-6987-0973-4 (tapa blanda)
ISBN: 978-1-6987-0974-1 (libro electrónico)

Trafford rev. 10/11/2021

Trafford
PUBLISHING® www.trafford.com
Para Norteamérica y el mundo entero
llamadas sin cargo: 844-688-6899 (USA & Canadá)
fax: 812 355 4082

Ilustración de portada por Wilfredo Alvelo

Traducción parcial de Frankenstein,

La metamorfosis y El jorobado de Notre Dame por
Wilfredo Alvelo.

A Susana, Ángela y Josefina, verdaderas
mujeres coverdaderos

sueños

"The vulgar readily imagine that what they considerably in existence is not fit subject for the artist. They would like to forbid us to represent what displeases and offends them in nature. "It is a great error on their part. What is commonly called ugliness in nature can in art become full of great beauty"

Rodin

En torno a un género. Se ha señalado entre el cuento y la novela es que aquel trata de situaciones, mientras que la novela trata de personajes. Pues aquí, en **esta** micro-novela, nos encontramos con un personaje que supo intercalarse entre ambos géneros. Se sospecha que nuestro personaje no haya sido suficientemente objetivo como para asignarle un nombre y apellido, pero si como para relatar su historia.

Tendríamos que preguntarnos si este Perico al que muchos dicen recordar fue el causante de aquella tragedia o si fue simplemente una figura de ficción, leyenda al fin que todos quieren olvidar.

El Pueblo:

Era este un pueblo enlutado, un pueblo que cerraba sus puertas a las cuatro de la tarde. Solo quedaban una cantina por la que muchos pasaban para evitar aquella zozobra fría y un cine teatro que pretendía reprender aquellos pensamientos callejeros. Este era un pueblo con viejas enlutadas y hombres perdidos en el tiempo. Casas de puertas cerradas. Hombres colorados vestidos de secreto. El pueblo fue su propio protagonista. Pueblo con una cantina de la que escapaba una música barata que llegaba hasta los cerros más lejanos.

ADVERTENCIA AL LECTOR

Ese ha sido mi legado. Me les escapé aunque ellos aún creen que nunca fui. Ellos creen que mi existencia fue efímera y que por lo tanto no hay nada que decir. Que es mejor callar, que el silencio sea el único testigo de una existencia que pasó desapercibida entre el sol y la lluvia de nuestro pueblo. Estuve allí, acechando y todo se redujo a una canción. Pero estuve entre ellos. Comí, bebí y dormí entre ellos y no me reconocieron. Ahora me ven ahí tirado y no saben qué hacer. Se asoman a mis ojos y dicen, 'no lo conoce nadie pues échenlo a la fosa antes de que los cerdos se lo coman'. El no haber existido no me preocupa. No quiero indagar sobre algo que ha quedado empañado en el recuerdo. Si todo lo vivido ha sido un sueño, entonces he sido más concreto que esas sombras reflejadas en el espejo. Se ha mencionado que el recuerdo es marcadamente cambiante, por lo que nos toca, subjetivo. ¿Acaso no compartí mi historia entre vosotros? ¿No hubo otros implicados en mi historia? Si este hecho no es un hecho, si he quedado reducido a una canción, ésta sigue siendo una experiencia de temporalidad. Sin embargo, estoy seguro de que mi historia irá más allá que la melodía misma.

MINUTO UNO

LA VERDADERA HISTORIA DE PERICO

"Elena, Ele- Ele- Ele-ni-ta, las, las flo-flores son, son, son para ti... Lo hi, hi, ce. Yo lo, lo, lo hice. Lo hice por-por ti. Y no- no me-me podrán acusar".

Todo comenzó con un dulce ahogo en la garganta y un rebuscado arrepentimiento. Sintió una presión descomunal en el bajo vientre y una gota de sudor frío corrió por su espalda. Se sentó con las manos cruzadas, mirando el vaso. Se sintió ebrio, confundido. Ya de madrugada las luces en la cantina dejaban ahogar el desesperado desasosiego de la noche. 'Echémoslo afuera, que hay que cerrar. ¡Qué se cree este borracho de mierda!' Ya era hora de tomar una determinación. Se acabaron las contemplaciones. No habrá mañana, ni para mí ni para nadie. Ya no puedo más. ¿Por qué seguir esta comedia? En cinco minutos hará su efecto. Entonces podrán decir: 'ya era hora que mostrara carácter, carajo'. La boca espumosa y los ojos fijos en las baldosas. Ya era hora. Acaso alguien me recuerde, acaso la hierba no oculte mi tumba. Ya no podría oír la resonancia del campanario. Y pensar que ahora no hay cura que pueda escuchar mi congoja. Alguien debe escuchar mi tormento. Quiero música, '¡que siga la música, carajo!' Y desde la cantina la música llegaba a todos los rincones del pueblo. La gente de este pueblo ya estaba acostumbrada al fondo musical y al doble de campanas.

Aquel día su padre lo llevó al río, 'para que veas los peces machucarse contra las rocas'. Tenía entonces tres años. Dice mi madre, 'ese bruto te echó de cabeza al río. Lo único que ha sabido hacer en su vida es reírse y caminar con un dichoso radio de aquí para allá y de allá para acá. Tienes suerte que estás vivo y que por lo menos puedes gritar cuando tienes hambre y orar cuando sientes frío'. Ya a su temprana edad había comenzado a cultivar el lado difumado de las cosas. Su vida y su visión de la misma estaban afanosamente sometidas a las imágenes creadas por el espejo quieto de sus cortos años. 'Ese maldito es el culpable de todo. Tal vez, sin ese episodio mi hijo sería un hijo más'. A los dos meses de nacido había sufrido de terribles fiebres crepusculares, las que le atrofiaron su crecimiento. ¿Por qué no dejó caer de cabeza a una de mis hermanas? Mi tía dice que más tontas de lo que son, al parecer todas se machucaron contra las piedras del río en un momento u otro. Las pobrecitas, sufren en un desmesurado silencio mi soledad. Parecen ovejas esquiladas en porcelana.

Es esa probablemente una de las razones por la que yo, un ser limitado físicamente, sea un disparate más, un deshilachado, una hebra de lo que pudo haber sido. No sé qué tipo de síndrome es éste o si los médicos encontraron un término para definirlo, pero mi madre reprende a aquellos que se inventan nombres cuando estoy presente. Cierra la ventana para que los correcaminos que dan las noticias del día no me incluyan en éstas. Confieso que las veces que me miro en el espejo lo hago por fragmentos, maldito espejo, y es como si el espejo quisiera enderezar mi triste figura, mi adulterada condición de enfermo. Así no me espanto al sorprenderme frente a frente conmigo mismo. Evito o trato de evitar los claros espejos de mediodía, los escaparates vacíos, los vasos de cristal; todo aquello que pueda mostrar mi triste desvarío, mi estado de frágil ansiedad. Sin embargo, desde niño luché por entender lo que soy; por resignarme y sentir compasión por aquellos que se ríen y por aquellos que lloran y se afligen por mi condición. Cuántas veces escuché a mi madre decirle a mi tía que yo era el único disparate en la familia y que sería mejor encerrarme para evitar que mi nombre llegara a pueblos vecinos. Así no vamos a tener un fenómeno suelto. ¡Ay qué vergüenza!, Dios mío. Sé de muchos que a mi edad estaban confinados a un cuarto oscuro, desnudo y abandonado, y todo por ser la aberración del día, por su condición de distraer el orden. A los siete años, finalmente, alguien se acordó que yo tenía que asistir a la escuela. 'Que lo enseñen por lo menos a contar con los dedos y a que no lo cojan de pendejo cuando vaya a mercar'. Esos fueron días muy difíciles para mí, pero el hecho de ser diferente en nada me impedía pensar como humano. Diferente pero no deficiente. Para ellos no, para ellos las dos cosas viajan juntas. No sé si fue el accidente o la enfermedad misma la que no me deja distinguir entre ciertos términos que para otros son comunes, como ocaso y aurora, tejer y bordar, abeja y oveja, caída y caida, y menos aún entre agrio y amargo.

Necesito hacer un esfuerzo supremo de asociación para saber cuál es una y cuál la otra. De las medias, ni hablar, no sé si es importante saber cuál va en cuál pie, y siempre se me pierde una. Niño que te tienes que ir a la escuela. 'Tí- tía, la-la-la me-me-dia. No-no es-está de-deba-bajo de-de la-la ca-ca cama'. Así siempre andaba con medias disparejas, no porque fuera bobo o tonto, sino por esa insoportable perversidad de los objetos inanimados. La maestra decía que la w era una consonante misteriosa, con las patas hacia arriba, y por supuesto la madre de todas las consonantes.

Y yo la confundía con la "m". Quizá a diferencia de otros, la parte derecha del cerebro era la que funcionaba para mí, quizá podría leer de derecha a izquierda o verticalmente y no como me enseñaban. De regreso a mi casa le preguntaba a la tía, que siempre pasaba a recogerme, por qué uno tenía que aprenderse las letras del abecedario, si en mi pueblo yo nunca escuchaba ninguna conversación acerca de las letras, sino sobre cosas profanas y escándalos pueriles. Eso es lo único que constituía la vida social en mi pueblo. Este era un pueblo de puertas cerradas, de mujeres que se escabullían en la noche, de olor a espacios podridos, de gritos espectrales en camas ajenas. Ese era mi pueblo. A las cinco de la tarde el pueblo cobraba una imagen lúgubre. La plaza quedaba sola. Entonces entraba el pecado. En la noche veía sombras encontrarse detrás de los patios abandonados, bajo las escaleras del viejo cine, tras los alambrados que daban al monte. Creía uno escuchar los gemidos enredados de cuerpos bañados en su aroma. Escuchaba uno o creía escuchar la respiración sofocante de cuerpos alumbrados de luna. Ellas entonces bajaban con el cabello suelto y se perdían entre las esquinas, mojadas con la tibia lluvia de la noche. Sí, este era un pueblo de sombras perdidas en la noche y de tardes lánguidas, en las que también yo me perdía en la maraña del sueño. A veces, en la oscuridad, creía escuchar a mi madre sollozar. Has creado un monstruo, Dios mío, que castigo, has creado un monstruo. ¿Por qué los dejé solos aquella tarde?

Unas muchachas negras corrían alrededor de un árbol. Unos muchachos blancos las perseguían. No sé qué clase de jueguito bélico era aquél. Mi padre me llevaba en hombros hacia la orilla del río. En el bolsillo de la camisa siempre llevaba un pequeño radio transistor, con el que vivía el momento.

Allí en la orilla se detuvo y fijó sus ojos en el jueguito libidinoso de los muchachos. Sus ojos se instalaron en la cintura pronunciada de las negras, cuyos ombligos parecían cabecitas ahogándose en un desierto árabe. La música añadía un fondo rojo al juego.

Esta noche tengo ganas de buscarla de borrar lo que ha pasado y perdonarla. Ya no me importa el que dirán y de las cosas que hablarán total la gente siempre habla

Se quedó allí, como montado en tibia nostalgia y con la boca abierta, cuando me dejó ir bajo las aguas: Un río hondo, abismal. Un río que inquieta de tan hondo, bajo un sol de ardiente castigador, un sol cegador y grosero de tan duro. El agua baja, furiosa y caliente. Las rocas son diamantes ante el brillo reverberante del sol. Está caliente el día. El agua atrae y el más valiente se lanza, su risa fragmentada en medio del aire, ahogada por un soplo del viento. Se lanzan los otros, y él me dejó ir, resbalé de sus brazos. Me dejó ir con un grito desaforado de creciente arrepentimiento. No me da tiempo de gritar, 'no sé, no sé naaaa....' Penetro en lo vertiginoso y un silencio completo se apodera de mí. Ahora vuelo pero en el agua. ¡Como vuelo! Vuelo como un ave pero en el agua. Llego a una profundidad abismal. Subo hacia abajo. Es como estar en el cielo, pero sin luz. Veo el mundo bocabajo, como en un espejo. Siento una oscuridad siniestra, sin orillas ni esquinas, una oscuridad desmesurada. Las algas y plantas acuáticas se apiadan de mí. No quieren que me vaya. Mi lucha es una contra un mundo de silencio, acordes de silencio, gritos desaforados de silencio, es la sinfonía muda de Amadeus en su espacio sin crescendos. Busco gritar, como en un sueño, y como en un sueño de mi boca salen sólo burbujas mudas que suben y bajan su propio pentagrama musical. Es la nota "Re" vibrante y sonora la que sale de mi boca, de mis oídos, de mi interior.

En la oscuridad sigue el forcejeo tenaz y opaco. Ahora los peces, con su farsa branquial, hacen su formación ovípara. Se quedan ahí acechando, en silencio como testigos piadosos. Son siluetas misericordiosas de un desenlace. Un desenlace que no parece llegar nunca. Es como un bailable sigiloso de aguas buenas. Las plantas se aferran y no me dejan ir, entonces inclino la cabeza como se inclinan las manos ante las teclas de un piano. Me encuentro ante el sosiego simétrico de antiguos templos y escucho un cantar lejano, producto de aquellos seres diminutos que me esperan y me celebran, como si yo fuera un gran acontecimiento.

Entonces cierro los ojos y allí me veo, vestido de verde olivo, pero sin masa, fundido en la quietud infinita del agua. Al entregarme al regocijo contagioso de la tarde una fuerza de ocasos me arrastra de allí y me lleva de nuevo a la tierra, en donde escucho los gritos jadeantes de las negras, cada una con un hombre encima.

Mas bien toda su persona era una mueca. Su enorme cabeza erizada con pelo rojo, entre sus hombros

> **yacía una enorme joroba equilibrada por una prominencia frontal...Las piernas eran enormes; las manos monstruosas** (El jorobado de Notre Dame)

La maestra me quería mal. Se decía en aquel tiempo que la maestra era como una segunda madre. Pero esta mujer no me quería como hijo. Luchaba por incorporarme con pellizcos y estrujones. Fue una de aquellas tardes cuando sentí la sensación por primera vez. Ella, aquella señorita alta y con su vestido de verde que te quiero, que le cubría hasta las rodillas, rozó una de éstas con la mía. ¿Cómo puede ser que a esa edad yo ya sintiera estas majaderías? Si sólo era un niño, un mocoso de mierda. ¿Por qué me pasó aquello? Sentí un escandaloso tumulto en mi interior. Fue como un estremecimiento desenfrenado de punzadas que me llevaba a un Segundo Nivel de atención. Fue como un derrame de sensaciones incoherentes que me hacía vomitar por dentro. Le pedí permiso a la maestra para ir al baño. Ya llevaban dos horas con la cantaleta de 'El marinerito al agua, si me...'. A ver, '¿por qué quieres ir al baño?' Y como aquellos que no oyen bien, gritan, creyendo que a ellos tampoco se les oye, di un vociferante grito en medio de la clase. 'Maestra, creo que-que- me-me- meé en –en-mis pan- pan-talones'. Todos se detuvieron y en medio de las carcajadas ella me miró de la cabeza a los pies y se detuvo en la parte más vulnerable. Para qué fue aquello. Dios que está en todas partes al parecer se quedó dormido pues esa mujer estaba furiosa. La señorita me agarró por una oreja y me llevó al baño. Allí me sacudió mientras los chicos cantaban, '¿Qué me das marinerito? ¿Qué me das marinerito, si te saco de estas aguas, si te saco de estas aguas?' Así se me secó el sudor del pantalón. Si no fuera por la campana, esa mujer me hubiera arrancado las orejas de raíz. Efecto secundario: ahora tampoco puedo oír bien y parece como si estuviera en la onda delta, a un pesado estado de delirio. Fue la voz de la maestra la que me sacó de aquel letargo: 'Te fuiste, eh, en qué lío estarías metido. Repite, ésta es la m de mamá, y ésta es la w de, de…' Más allá, en la cantina se bailaba al ritmo de:

> **Y yo te jalo pa'quí, jala,jala**
> **Y tú me jalas pa' ca, jala, jala**
> **Y que rico que está, jala,jala…**

Ciertas partes de mi cuerpo brotan de mí con un carácter tan exacerbado que crean su propio estado de alerta. Eso le agrega sabor a la sospecha de que soy idiota. Todos se detienen ante mí, me miran y se preguntan, 'y eso, ¿para qué sirve? Es como rama seca en primavera'. 'Las vainas que se le ocurren a Dios, y que enviar un tipo como ése. Ese tipo vive su propio desvarío'.

Pasé cuatro años en la primaria. A los profesores les causaba fastidio tenerme en el aula porque yo era una distracción para los niños. Sentado en la parte trasera del salón luchaba por integrarme, por aprender a leer, por refugiarme en el vicio de los libros. Y sí leía. Mi vida se partía en dos, por el día iba a la escuela, con toda la expectativa de un circo, y por la noche pecaba. En la escuela trataba de entender lo que leía. Dicen que la lectura abre caminos, pero los míos han de ser el mundo, pues me encontré allí con algo nuevo; mi zona de refugio. De allí me sacaban las risas de los niños, los que esperaban que yo articulara algo, cualquier cosa y así tener algo que celebrar. Todos reían, menos la niña de la esquina. Hablaba entonces en fragmentos, organizando y reorganizando palabras que sólo para mí tenían sentido. Algunos chicos hasta se persignaban al oírme hablar. '¿Qué se cree éste, un poeta aliterado? Que se salve de una existencia pecaminosa. Que Dios lo exonere de esta existencia aborrecible. Que se ahorre el derecho de vivir'.

Aún recuerdo la clase de arte, en la que el maestro daba su explicación ensayada y escrupulosa sobre la belleza y las medidas estéticas. 'Todo es cuestión de tercios, decía, una persona normal mide, en su cabeza, un tercio de la línea frontal del cabello a las cejas, un tercio de las cejas a la punta de la nariz, y un tercio de la punta de la nariz al mentón. Casi todas las personas siguen ese patrón de simetría universal. Cuando una persona quebranta esa norma se le puede considerar grotesca, y en los tiempos de Moisés, hasta maldita. Estos son más fáciles de dibujar porque copiamos ese aspecto aberrante en la persona'. Todos me miraban. Cómo me miraban. En el baño me pasaba horas enteras en el presente, tratando de pasar frente al espejo sin que éste se enterara de mi pasado, sin que considerara mi futuro ¿Cómo puede ser que Dios se haya equivocado conmigo? Fue su mano la que me lanzó al río. Todos tenemos el derecho de nacer y de vivir, ¿y se me ha preguntado a mí si soy? ¿Se nos ha preguntado a nosotros, a todos aquellos que como yo, sufrimos los latigazos de la deriva, si somos los corderos de un teclado genético? ¿Si somos los soldados monos de Stanly? Somos criaturas de la noche. Ahí estamos, arropados por el manto azul marino, camuflajeados. El circo nos dejó en medio de la plaza con las manos en los bolsillos, sin saber hacia dónde ir y qué hacer. Todos somos uno ante la falta de luz y de espejos. Ahora comprendo que el mundo es una cosa de medidas. El profesor, experto en fenómenos lo decía, 'la cabeza del ser humano crece hasta los veinte años'. Todos, menos aquella niña tímida, sentada en la primera fila, se volteaban a mirarme. Los más compasivos me miraban con una sonrisa cómplice, buscando todos los recursos más expresivos para compartir mi desgracia acolchonada. Para los más insensatos yo era un dulce acontecimiento, y aprovechaban toda ocasión para incluirme en sus relatos de niños nuevos, nacidos del amparo, hijos sin pecado. También a mí me machucaron la cabeza contra las piedras cristalinas del río. Y yo pensaba en mi padre y en Dios:

> Colocar un cerebro enfermo en un
> cuerpo sano, o como lo quiso Ivanovs,
> un cerebro sano en el cuerpo de un
> chimpancé.

Profanar es reclamarle a Dios el porqué no me incluyó en su plan perfecto, aquel de medidas exactas. Al séptimo día descansó, cuando su obra toda estaba terminada. Sentía cierto apremio al decirlo, pero a la vez sentía alivio. Era como si mi cuerpo raquítico ladrara al mundo y dejara de ser la jaula que escondía mis sentimientos, la jaula que escondía lo que verdaderamente soy. A la hora de acostarme rezaba por mi cabezota para que Dios detuviera su crecimiento. Eso pedía porque si fuera a pedir por lo demás nunca descansaría.

Cuando Gregor Samsa despertó una mañana después de haber tenido un sueño incómodo, se encontró convertido en su cama en un monstruoso escarabajo. Estaba acostado en su espalda, tan dura como un plato de armadura, y cuando levantó su cabeza un poco, vio su barriga marrón abovedada, seccionada por nervaduras en forma de arco... Sus muchas patas, lamentablemente flacas comparadas con el resto suyo estaban ondulando desamparadamente al frente de su cara.

(La metamorfosis)

En las noches se paraba frente al farolito de la calle, sí, aquel que temblaba de frío, a ver su cabeza reflejada en el suelo. La pisaba mil veces tratando de hacerla añico. Al acostarse imploraba intervención divina, le habían dicho que él estaba en todas partes, y que si se le pedía con fe se alcanzaría lo pedido, así al día siguiente despertaría de esa pesadilla. Al despertar, con sus manos torpes, recorría su cuerpo todo a ver qué era de nuevo. Qué desdicha la suya al sentir que nada había cambiado, que todavía llevaría aquella cabeza sobre sus hombros un día más, que todavía sus piernas estarían torcidas, que todavía su respirar seguiría siendo frenético, que todavía tendría que acercarse a los rieles del tren para sentir su aproximación, que sus lágrimas no habían servido de nada. En momentos de insomnio deseó que no amaneciera nunca para no tener que hacer frente a esta vida, a esta gente, a la gente que todo lo ve y lo interpreta dentro de sus limitaciones ordinarias. Este mundo es ordinario, visto por ojos desde un plano ordinario.

En ese instante le hubiera gustado ser Gregor Samsa. Le hubiera gustado despertar convertido en un escarabajo o en un camaleón. Así no tendría que soportar más las inclemencias del pueblo. Así no tendría que mirar la vida de frente. La vida sería un sueño y más arriba las estrellas. Para mí sólo escombros, tierra y paredes. Sí, todos en uno, a imagen y semejanza, que vergüenza carajo, cabezas de carajo. Si yo fuera sapo o escarabajo, o renacuajo, aún sería apreciado por otros como yo. ¿Sucede eso nada más que entre nosotros? Confieso que no es mi intención fatigar a nadie. No tienen por qué dejarme el paso cuando llego, o dejarme la mesa cuando como.

Uso medidas excesivas para asomarme a la calle cuando sólo los gatos doblan esquinas. Salgo cuando sólo aquellas mujeres son dueñas de la oscuridad. Así la vida sigue normal y todo el mundo duerme tranquilo. Tendré que hacer como los leprosos, dormir en las afueras del pueblo, buscarme un desierto donde pueda gritar lo que siento. Que no amanezca nunca. Soy como los demás en medio de la oscuridad y empapado por la fría lluvia.

Nadie se tiene que incomodar conmigo. Poco a poco he aprendido a no establecer rutinas, a no ser asequible al público. Soy el camaleón entre las hojas perdido. Nadie sabe adónde voy o si estoy. Ese es mi triunfo. He aprendido a huir, así como las aves, como los anuncios subliminales.

Soy mi propia censura, mi verde en verde. No salto como saltan los sapos al ver la lluvia. Me paso la vida huyendo. Huyo del ser altanero y prepotente. De aquel que se sienta a la mesa y mira a ver si el cuchillo y la cuchara están puestos en el lugar que corresponde. Y luego dicen, buen provecho. Y dan gracias a Dios por tener un día normal y por llevar a sus bocas el fruto que otros producen, por votar las sobras mientras otros mueren de hambre. Huyo de aquellas sombras que se repiten, cortadas con la misma tijera. De ellos huyo como aquellas aves que mantienen su distancia. ¿No es irónico que de ellos también huyan los animales más sublimes? Sin embargo, las ratas y los insectos los persiguen como tatuajes adheridos a sus cuerpos. Dicen que hay nueve ratas por cada ser humano en el planeta. Las damas se suben a la mesa con sus tacones cuando un simple ratoncito se acerca. Gritan y se desmayan y pasan días en cama, y sus pobres esposos, envueltos en fobia van tras ellos, escoba en mano, persiguiéndolos por toda la casa porque si no, sus damas no duermen. Yo estoy fuera de todo, no participo de este mundo, de la codicia y del rencor. ¿Qué me he perdido? No he vivido lo que otros han vivido, nunca estuve en un billar, ni fui parte del juego, nunca celebré con un amigo el acto de vivir.

No soy parte del establecimiento y las cervezas. Hay quien haya dicho que somos lo que hacemos. Y yo he huido de todos. Huyo de los hombres porque se sienten con el derecho de empujarme y pegarme, de los niños porque se ríen y me lanzan piedras, de las mujeres porque se cubren sus rostros y corren amenazadas por mi mirada. Gritan y me dejan el paso, como si yo fuera la lepra de sus sueños, ese paso que está cada día más estrecho, más oscuro. Quedo donde ya no se siente el perfume y donde el sol no llega. Ese paso es ahora mi único refugio. Me muevo entre ellos sigilosamente, sin levantar la cabeza, mirando al suelo, como el cerdo, como el elefante que busca en la tierra agua, '¡Queremos pegarle! ¡Ay que feo!, es el hijo de la golondrina. ¡Ay ,no puedo comer con ese fenómeno ahí! ¡Ay!, oremos para evitar la maldición'.

Cansado de tragarme tantos reproches y de excusarme dos veces, por mí y por mi cuerpo, he tomado medidas drásticas cuando paso frente a un grupo en la plaza pública. De ésta ni se diga. Ahí no me puedo arrimar. Tan pronto tengo que pasar por allí me convierto en un espectáculo. Todo el mundo se asoma a sus puertas y ventanas, Mira, allí va el bobo de la cabeza grande, allí va Perico. No sé cómo ni cuándo a alguien se le ocurrió ponerme ese nombre.

Ningún mortal podría soportar el horror de ese semblante. Una momia otra vez dotada de animación no sería tan espantosa como ese desgraciado. Había fijado mi mirada en él, aún incompleto; era feo entonces, pero cuando esos músculos y coyunturas se unieron haciendo capaz el movimiento, se convirtió en algo que el mismo Dante no pudo concebir.

(Frankenstein)

Los niños del barrio me persiguen, me lanzan piedras y luego se meten las manos en el bolsillo. Y aún desde la penumbra de sus casas escuchaba yo

LA VERDADERA HISTORIA DE PERICO

la misma letanía, 'cabezota, cabezota, ahí viene el desvalido de la cabeza grande'. El patito feo.

A los chicos gustaba que la maestra les leyera el cuento El patito feo. Maldita la idea de quien se le ocurría pedirle a la maestra que lo leyera otra vez. Yo lo veía más como castigo. Nunca comprendí la enseñanza del cuento. Al patito (supuestamente un cisne) no lo aceptaron como era, gris y feo, y decidió, porque no tenía la dignidad de pato, cambiar. El patito feo se convirtió en un cisne. No entiendo, ¿Y por qué no seguir siendo pato? ¿Qué tienen que decir los patos en cuanto a esto? En realidad me acostaba en las noches lleno de una ansiedad inocua pensando que tal vez había algo de mágico en un cuento que, como todos, tenía un final feliz.

Así esperaba que a la mañana siguiente, cuando las primeras luces perturbaran mi sueño, yo fuera otro. Después de todo, ¿No es éste un mundo de transfiguraciones? Los gusanos se convierten en mariposas, los murciélagos en vampiros de la noche, el patito en un cisne, Gregor Samsa en un escarabajo; y yo, y yo… 'nihil, Ens, non- Ens, Ser y no ser, el sin causa, el vacío manifestado.

Para protegerme de los peligros que la calle representa, mi tía me enseñaba a navegar entre los rieles del tren. Brincaba, con el poco peso de mis huesos, de hierro en hierro, como el saltamontes. El tren era como un grito en el desierto para mí. Cuando pasaba yo gritaba con toda la fuerza posible lo que sentía, sabiendo que nadie me escuchaba. Al regreso de la escuela, era mi tía quien me bañaba, allí en aquel patio de tierra caliente, muy cerca de donde ella tendía a secar la ropa de los seminaristas, a las tres de la tarde, bajo aquel reguerete de sol. Este entraba por la puerta trasera y su luz reverberaba con toda su ira en el suelo. Años después todavía su luz castigadora giraba en mi memoria. La tía ponía sus manos en mí como si estuviera trapeando el suelo. 'Pobrecito, ven acá, eso que tú ves ahí es mugre. Tienes que aprender a bañarte tú mismo. Ya tienes once años. Así cuando te saques toda esa porquería te parecerás a tu padre, al negro, porque a alguien tienes que parecerte'. A esa hora salía mi mamá y yo no la vería hasta el otro día a la misma hora. Daba unos pasitos entre el tango y la milonga y salía por la puerta trasera. Salía vestida de rojo pinto. Más allá, desde aquel cuartito enardecido de recuerdos: Si yo tuviera el corazón el corazón que di, si yo pudiera como ayer querer sin presentir. Es posible que a tus ojos...

MINUTO DOS

Mientras la pequeña Caperucita Roja caminaba por el bosque se encontró con un lobo. El lobo pensó: esta niñita debe tener un sabor exquisito. Ella será más tierna que la vieja, pero de alguna manera las debo tener a ambas.

La maestra siempre me recibía con la misma cantaleta, 'además de feo, eres payaso', y yo no sabía por qué el lobo quería comerse a Caperucita y, menos aún, a su abuelita. Esto para mí fue muy frustrante, o sea. ¿Quería el lobo comerse a Caperucita de la misma manera que a mí me gustaría comerme un helado o de la misma manera que Adán deseó a Eva, o se la quería comer de la misma manera en que se podría comer un arrepentido el cuerpo del Cristo? La otra tarde decía el Padre Benito, que sólo cuando uno esté libre de culpa se debe echar en su boca la hostia porque si no ésta será eliminada de nuestro cuerpo junto con todo lo desechable, junto con toda la porquería que comemos.' 'Santo Dios' decían tres viejas al oírlo. Hoy, a los veinte años, no sé con qué criterio juzgar nada de lo que otros me hicieron ver y mucho menos juzgar y criticar personajes con los que me puedo identificar gracias a que no les atañe el patrón universal.

Un día mi tía me detuvo. ¿Qué llevas ahí? Si tú aún no sabes leer. Estos me los había regalado el padre Benito. 'Para que entiendas el propósito Divino'. A ver. <u>La metamorfosis</u>, <u>El jorobado de Notre Dame</u>, <u>Frankenstein</u>, y <u>La doctrina secreta</u>. Al principio mi tía se sentaba a mi lado mientras yo leía o trataba de leer en voz alta. Entonces encontré una razón para leer. Alguien estaba a mi lado, alguien me escuchaba. Entonces mojaba mi pulgar con saliva para pasar de página en página y así llegaba a sus piernas, las que me ayudaban a sostener el texto. Allí estaban, muy pegaditas de las mías. ¡Santo Dios! Estos son los antihéroes que el pueblo mismo ha seguido engendrando. Presentan éstos el prototipo de lo anti convencional; siguen siendo aquello a lo que se le teme y se le huye. La única salvación para ellos y para mí es que nos transformemos en cisnes, que nos civilicemos y aceptemos que dos más dos son cuatro, que Mozart es mejor que El Gran Combo que el violín es superior al bongó. Allá arriba hay un astronauta que lleva tres días dándole la vuelta a la tierra, detrás de los soviéticos, y dice que aquellos no encontraron a Dios pero él sí y que Dios le dará licencia para llevar su prédica civilizadora por los siete continentes, porque si no nos civilizamos nos encerrarán, quemarán nuestra piel con rayos ultravioleta y nos sacarán los ojos para protegernos del enemigo. Así aprenderemos a ser civilizados como ellos. Nos enseñarán lo que es la democracia. Mientras más nos parezcamos, menor el peligro que presentamos a la sociedad. Así ya se espera no habrá por qué enviar aviones al otro lado del mundo, a espiar otros continentes para acabar con aquellos que son diferentes, o no tendremos que enviar a nadie a dar vueltas a la tierra, como ese astronauta que lleva tres días allá espiando los siete continentes.

Ya no necesitaremos de la ayuda tan cordial de Pio XI, que se encuentra de saltito entre jirones en la caldera roja del infierno, para eliminar a aquellos desventurados de este mundo, para erradicar a los condenados de la tierra. Gran lección han aprendido aquéllos otros, acusados del genocidio durante los cuarenta. Ahora no quieren tener más hijos, y en un siglo, de ellos no quedará uno solo, ni un solo niño que lleve la culpa del genocidio en su sangre. Así, en un siglo, habrá acusadores pero no acusados. A esa Caperucita no sólo el lobo se la quiere comer sino que a mí mismo ha comenzado a caerme bien. Y el lobo, ¿por qué se disfraza el lobo de abuela? Creo que en estos días hay que temerles más a las abuelas que a los lobos; los cuales existen en la literatura pero a nadie persiguen en la realidad. Por el momento seguiré cuidándome de mi abuela, la que anda disfrazada de lobo comiéndose a todas las caperuzas que encuentra en el camino. Mi abuelita, si pudiera, me entregaría a un orfanato o a un circo para que haga de disparate. Claro que el circo ya se ha marchado de nuestro pueblo. Ya no hay circos y lo que ha quedado es el recuerdo de su olor a palomitas de maíz y sus colores calientes. Que triste se ve el circo en su marcha hacia llanos desconocidos. Se va lejos, para siempre, con sus muñecos de trapo y sus tristes payasos; con sus perros sabios y sus pisadas de elefante, se va con la cola entre las patas, dejando atrás su humor gris. Se va el circo con su son a otra parte, con sus trompetas bíblicas, con sus gitanos pre digitadores, conocedores del bien y del más allá. Se va el circo para siempre, y yo me quedo, tan solo y apagado, tan consumido como San Dionisio. Allí sería yo otro. Sería el rojo bañado de rojo, el camaleón en el verde transparente que crean el amarillo y el azul; el mar en un cielo turquesa.

Desde afuera se escuchaban los violines y él quiso entrar. Estaba allí, entre los sillones de terciopelo, arrastrándose porque no pudo pagar, mientras alguien, en un escenario alumbrado artificialmente tocaba el violín, "Adagio en G menor" de Albinoni. Se retorcía de emoción entre los pies que seguían el ritmo lento y moribundo del violín. Lágrimas colmaban su rostro de músculos tiesos. Su pecho era un corazón abierto en el suelo de baldosas grises. Podría inclusive pasar desapercibido entre los conmovidos y llorar entre ellos.

El aplauso fue unánime, espontáneo y abrumador. Fue entonces cuando la admiración y la sorpresa del gentío llegó a su cúspide. La mueca que ellos habían aplaudido era gesto natural de su semblante.

(El jorobado de Notre Dame)

Hoy, sobre todo, me acordaba de El jorobado de Notre Dame, de Víctor Hugo. Ahí tenemos una historia de amor clásico, el monstruo y la bella. ¿Acaso no podía éste enamorarse como los demás? Fue la sociedad, con sus cánones de porcelana, la que hizo de este pobre jorobado, un monstruo. Fueron ellos, los perfectos hombres de escaparate los causantes del desenlace amargo de esta novela.

Fueron ellos los que cosieron la furia misma que el autor les quiso dar. Casi saltan de las páginas donde yacen grabados para perseguir al jorobado y castigarlo. ¿Qué mayor castigo que el de haber nacido para adentro y estar plasmado en las páginas de un libro, condenado a vivir mortificado por las decisiones delirantes y el poder omnipotente del escritor? ¿Qué mayor prisión que aquélla sin rejas? Qué mayor prisión que la soledad misma, Un Caravaggio, un Greco. Condenados por el pincel a la hoguera entre los amarillos de Titán y los rojos incandescentes del infierno. Ese sufrimiento se repite cada vez que se mira el lienzo o se abre el libro. Ahí estamos con la voluntad sofocada por el peso del tormento; amarrados para siempre, sin una rendija por donde mirar los siete rayos de luz del universo. Ahí estamos otra vez, tan callados. 'No miren a ese sietemesino que yo sí soy un fenómeno. Miren, hasta los leones huyen de mí. Nunca hubo un "ente" tan extraño en la Tierra. No soy aquel otro que se puso frente a los leones para hacer alarde de su valentía. Cuando salí de allí mi madre rezó el rosario las mil y una vez porque lo mío fue ver para no creer'. 'Damas y caballeros, pasen para que vean la octava maravilla del mundo', la obra de Ivanov; cazado en medio de la selva, en donde convivió con orangutanes, expuesto a los peligros que la soledad encierra, Friquisniqui, el hombre mono'.

También me acordaba del fantasma de Franqueasteis , de Mary Shelley, un ser que sufrió el agravio y el desprecio de todos .¿Y qué lo hizo a él monstruo, el no tener corazón o el que su cerebro fuera demente? ¿Qué? Sólo quiso jugar con la niña, como un juego de muñecas, y la estropeó. Entonces ellos lo persiguieron y lo quemaron. ¿También a ellos les pusieron un cerebro demente? ¿Cómo ajustarse a las normas cuando también éstas son ilusorias? ¿Cómo pueden estos seres acoplarse a un abismo? ¿Cómo pueden estos fragmentos humanos añadirse al delirio social? ¿Los quiere Dios igual? ¿Y qué de cuando mueran, habrá un paraíso de mutaciones donde ellos puedan hacer y deshacer? Su paraíso será uno sin espejos, ni lagos, ni ocho cuentos. ¿Se reirán Dios y los Siete Ángeles de la Presencia cuando los vean llegar? ¿Y qué hacen estos jorobados aquí en la tierra para merecer el cielo? ¿Es que acaso se les exige además llevar su cruz?

En esta esquina radican todos los hombres groseros, jorobados, hinchados y cabezotas que han sabido llevar, ya sea con su humildad, una vida ejemplar, sin irritarse, con buen control de todo tipo de rabietas, en esta otra, todos aquellos que pese a su situación han sido soberbios, avaros, pecadores entre pecadores.

¿Es que acaso éste no tenía virtudes como ser humano? ¿Es que acaso aquellos que son diferentes también son deficientes? ¿Qué se les dice a estas pobres criaturas? ¿Que no aspiren? ¿Que no sueñen? ¿Que no vivan? La literatura los condena al papel de cáscaras humanas, y ¿qué han hecho ellos para ganarse tan merecida distinción? ¿No puede acaso el escritor remendar una historia en la que el lector pueda sentir ternura insospechable por la inelegancia de una criatura pueril?

Después de cinco siglos la piedra no se ha movido, sigue siendo piedra. No es al jorobado, ni al monstruo de Frankenstein a los que hay que temerles, sino al ingenio mismo que los engendró. En esta noche también la luna muestra su cara monstruosa, una masa de algo que en la distancia produce ojos, nariz y boca. Y es luna. Estos creadores de gigantes, monstruos, diablos y demonios son tan peligrosos como su creación. Crean vidas con la ambición y la soberbia de que se les obedezca; y cuando esto no sucede se enojan y castigan en grande. Envían fuegos, diluvios y terremotos para que las criaturas se acuerden de que a ellos sí hay que obedecerles.

Razón tenía aquel Judas, el de las tinieblas, al revelarse contra su creador. Judas quiso quitarse la vida sin que se la quitaran. Entonces intervino su autor. Aquél cayó de cabeza y se reventó. ¿Por qué no podía quitarse la vida éste? 'Para quitarte la vida es menester que esté programado dentro de lo insondable de mi imaginación'. ¿Y es que acaso no estaba escrito que serían dos los sacrificados? ¿Que culpa tiene éste de no haberse podido escapar de los Salmitas? ¡Que realidad tan cruel! No tenemos ni el derecho a decir "ya basta", denme por lo menos el derecho de patalear antes de morir. Y nosotros los inservibles, los tuertos, los inmamables, los bobos, los idiotas, ¿a quién seguimos? ¿Es que acaso no hay un plan para nosotros? ¿Es que acaso estamos para llenar huequitos? ¿No somos parte de este rompecabezas? Somos eso, la piedra con su espacio impostergable, el gris de la piedra. Eco, eco, eco entre las piedras, las pisadas duras, el fuego eterno, gris, gris, gris metálico. Disminuidos, machucados, sin más blanco que negro, sin más negro que blanco, piedras arrastradas por el viento de colina, el punto y la coma. Si quieres puedes curarme. Ahora dejaría de ser ciego, ahora dejaría de ver para adentro para limitarse ante las cosas del mundo.

Ahora vería su luz de luna, su retina tendría luz, pero también ahora conocería lo que es la oscuridad, la limitación. ¿Cómo iba a entender aquello que estaba frente a él en el momento de abrir sus ojos? Ahora sí que estaba ciego, con la luz cegadora que entraba en sus pupilas. ¡Qué tragedia! El ciego ha encontrado la luz y ahora es más ciego que nunca. Llévenlo a la oscuridad verdosa de un bosque tenebroso. Colóquenle una venda y él encontrará la orquídea más hermosa, quítenle la venda y estará perdido para siempre ¿Y qué es la luz? ¿Y cuánto de blanco hay en el rojo para llegar al color fresco de la rosa? ¿Y cuánto de azul hay en el blanco para llegar a la luz? ¿Y cuánto de rojo hay en el verde? Donde no hay luz no habrá gama progresiva y por lo tanto, color. Entonces yo sin luz soy un no yo. Soy nada, ni blanco, ni negro, "nihil", nada. Gris, eso es, gris como la piedra de invierno; y gris no es un color ni es nada.

Sin esa luz soy un hombre gris, hombre de los sueños. Alguien me sueña. No soy. No estoy en ningún lugar. Soy gris. Como el patito feo. No estoy en ningún parámetro de longitud, soy, soy... No soy, "Non Ens", lo no manifestado.

El camaleón se esconde en las ramas de inocencia. En décimas de segundo el camaleón se presenta y le arranca la cabeza al insecto que se arriesga; luz cegadora, compuesta por siete colores. Eres amiga del camaleón pero no proteges las criaturas que se descomponen en los siete colores del arco iris.

¿Para qué tantos trucos y maromas de circo? Vemos colores que en realidad no existen. Somos complejos por dentro, y nos vamos muriendo como la cuerda de un reloj. Lo importante no es el exterior, sino lo que esté muy dentro de tu corazón, lo importante no es el lavado de manos sino lo que salga de tu interior. Hubiera sido mejor hacernos como personajes de libros, huecos por dentro, como caricaturas, darnos cuerda y ya, como esa bailarina de cristal de la que gustan tanto los marineros. Cuando la cuerda se agota termina el baile. Hacemos o creemos hacer lo que creemos. Más sabe el ciego por viejo. Ahora caminamos por la calle como Frankenstein, con las partes prestadas de otros cuerpos. Sufrí un trasplante, mi corazón ya no es mi corazón pero ruge como un león, y mi hígado, ése sí no sé de dónde lo sacaron, pero llegó a tiempo. Ayer vi a Carmelita. Antes era Carmelo, pero me dijo que nunca se sintió como Carmelo ya que sentía atracción por otros como él. Así que pagó para que se lo sacaran, y así podría no sólo estar cerca de ellos, sino de ellas. Se pasa de esquina a esquina con su 'no sabes lo que te pierdes'. ¡Ay qué horror, y me acordaba del monstruo de Frankenstein!

Ahora la porción baja por sus venas y se hace cada vez menos amiga. El torrente sanguíneo busca entrada. El corazón se da prisa entre canales de arterias. Entre sus manos apretadas el vidrio roto. El estómago parece una serpiente degollándose en su propia salsa. Podrían aquellos que me han visto esconderme detrás de los palomares, perdido entre las rieles mohosas del tren, gritando entre el clamor de campanas, decir que esto es vida. Y yo ¿quién soy?

Soy ese lobo que espera la luna, lunita, luna. Aquí te tengo en mis venas, tan viva y palpitante como una lucha sangrienta en los montes de arena. Aquí te trago para siempre, trago tu néctar de azul volante como traga el cura su hostia para perdonar los pecados del mundo. Recoge mis sueños de niño enfermo y besa mis mejillas frías de muerto. Me escondo en la oscuridad de la noche a llorar mi desespero. Veo las Caperucitas pasar a lo lejos con las tripas de vacas para los cerdos. Qué hermosas se ven de rojo y qué hermosos sus rostros anonadados de miedo y su temblor de conejo. Siento el ardor de verme arrastrado por aquella sensación. Entonces huyo entre árboles sonrientes y me persigue el viento; el viento, la luna, la lluvia y el cielo. La tarde se torna lúgubre. Es todo un orgasmo atropellado, de pecado envuelto en respiración de navegante enfermo.

La sangre me apetece, ausencia de mí, deseos desorbitados como sapos unidos y arrastrados por la corriente del río, caballo en busca de yegua, rabia de músculos tiesos, temblor de placeres somnolientos, sombras de ritmo húmedo y quejumbroso, chillido de murciélagos trasnochados.

Y mi madre, ¿quién es mi madre? ¿Y por qué mi padre, el borracho, me dejó caer y se quedó allí mirando. ¿Por qué no se lanzó al agua a rescatar a su hijo? ¿Por qué me caí en ese laberinto de cielo roto? ¿Por qué mi vida ha sido ese doblar de esquinas? ¿Quién es éste que salió del río y quedó tronchado? ¿Por qué troncharon mis alas y quedé enjaulado para siempre? Sin poder volar, sin poder volar, y aquel, 'Padre, ¿por qué me han abandonado?' A esta hora, sentado en el excusado, todo empapelado por páginas de revistas, urgencia de alivio, que si Pimienta, que si Playboy, en donde sus sentidos quedaban entorpecidos por unas mujeres bellas que lo miraban y le sonreían entre moscas borrachas de olvido. Una mueca se asoma a sus labios; reflejada en aquel vaso que llevaba en sus manos, la mueca se hace sonrisa y la cabeza chica. Pegó sus labios gruesos al vaso para besarlo: aquí puso sus labios mi Elena. Y sus manos, ¿Qué haría con sus manos? Una sonrisa como todas y sus labios no se sentían como regazos de trapo viejo. ¿Por qué no he de salir a la calle a buscar la luz del día? ¿Por qué las mujeres gritan? ¿Por qué los niños me lanzan piedras? ¿Por qué los hombres me empujan y me pegan? ¡Ay si Elena supiera!

He buscado la manera y hasta ahora no podía, me faltaba coraje o sería una contradicción lo de querer llegar a otro estado, a un no sé qué de las cosas, tirarse la soga al cuello, dinamitarse la cabeza, amarrarse a las vías del tren, dejarse caer en el vacío. Todas son maneras de encontrar la dispersión de la materia; ese mudar de forma o un simple dejar de ser.

Fueron muchas las noches cuando entre nubes mi tía se acercaba a mi cama. Entonces yo contaba con diez años. Acostumbraba a leerme el cuento de Caperucita Roja e inclusive a hacer algunas veces de lobo y otras de Caperucita. Tenía treinta y dos años, morena, alta, de cabellera negra, cejas anchas, ojos lánguidos, dormidos bajo la sombra de enormes párpados, cuello largo y elegante y labios húmedos con la fragancia de un esmalte de noche. Vestía a menudo de blanco, con blusa pegada al cuerpo, por donde quedaban reflejados sus inquietos senos. Sus piernas eran suaves, parejas y luengas, cosa que atribuía a su régimen alimenticio, pues desde niña aprendió a consumir su sopa de espárragos siberianos con aceitunas nigerianas, plato que consumía tres veces al día.

Cuando dramatizábamos yo no sé quién era Caperucita y quién el lobo. Cerraba mis ojos y me dejaba ir, y me dejaba ir. Nos confundíamos en la maroma del momento. Temía ella lastimarme por mi condición de niño enfermo. Sentía su peso de mujer tímida pero determinada encima de mi cuerpo enjuto y raquítico. Yo me dejaba llevar por el momento y me hacía el más inocente de todos los enfermos, pero ay cómo fingir el cataclismo que sentía en mi interior. Entonces me agarraba el deseo de abrazarla pero ella hasta allá, no llegaba. Entonces se reía, al mirarla se reía, se reía, y notaba cómo sus labios mojados se abrían y dejaban al desnudo sus dientes. (Un poeta hubiera dicho perlas) pero yo no soy poeta ni hay que esperar que lo sea.

Ella reía al sentir mi fracaso. Yo respiraba al ritmo de su respiración, como un nudo. Sentía una sensación desorbitada, sensación perdida en lo profano del momento, sensación de perdido ocaso. Perdía el sentido, sentía mi cuerpo sin peso, entonces me decía, 'abre tus ojitos, que es hora de ir a la escuela. Ahora, dime, Qué soñabas? ¿Dónde estabas? Aún ya de este lado parecía sentir cerca de mí aquellas palabras, 'Soy tu mujer enlutada de blanco, con mi cuerpo furtivamente abierto a tu conquista para que tomes su interior. Soy arte de lozanía, desnuda como muñeca de porcelana, pintada con barnices transparentes. Soy un regalo del cielo, para ti, para que no te vayas sin antes haber probado mi fragancia de cerro fresco'.

Al otro día en el desayuno mi tía apenas me miraba. Bajaba la cabeza y apretaba sus labios al pasar junto a mí. Ante esta nueva luz, había perdido su encanto. No era la misma. Sus párpados se veían lánguidos y cansados. No me miraba y yo no comprendía. Mírame ti, i, ta ,ta, mírame que te quiero mucho. Mírame que siento ganas de abrazarte y de…, mírame tía. ¿Qué ves ahora? ¿Qué ves ahora? ¿Ves mi cuerpo mal hecho, mis huesos raquíticos? '¿Por qué está Perico aquí? Él no sabe comer. Mira cómo toda la comida se le sale y cae en la mesa. Mira cómo se pinta de payaso con la leche y mete sus manos cochinas en el plato, para luego llevárselas a la nariz. ¡ Ay, que no me deja comer! Ya es casi un hombre y actúa como un niño, babeándose siempre'.

Mi madre que en las noches sacude su pequeña figura entre penumbras en flor, nunca ha visto lo graciosa que se ve la tía haciendo de Caperucita y mucho menos lo verosímil que le queda el lobo. Seguramente el Padre Benito le pedirá a mi madre que de paso también lleve a mi tía a misa, esto después de haberla visto un día cruzar la plaza desde el campanario, seguida por las miradas de los hombres de esquina. Un empujoncito aquí y se va. No quiero pensarlo, no debo ni quiero. 'Dígale a su hermana que por acá hace tiempo no se le ve y que es hora de que se nos entregue de cuerpo y alma. Dígale que aquí no hay ratones, ni perros, ni lobos, y que no cobramos por la entrada'. Después de lo desorbitado de la noche me faltaba aliento para llegar a la escuela. Siempre llegaba justo en el momento en que la maestra preguntaba, ¿por qué el lobo quiere comerse a Caperucita? Y yo pensaba en mi tía.

Pensé que tal vez el lobo se la quería comer porque sabía a pan horneado. Era limpia como una manzana y olía mejor que la flor de mayo. A los doce años ya no tenía por qué ir a escuchar los cuentos de la maestra. Ya tenía suficiente con los de mi tía, la que me perseguía entre escaleras y callejones, y me encerraba en el excusado. 'Aquí está el lobo para comerte. Yo soy la loba que se come a aquellos varones feos y desobedientes'. Ella era la única que me protegía del monstruo humano. Pienso si ese astronauta, allá en el cielo, no ve en el globo terrestre el rostro de Frankenstein; sus ojos apagados y muertos y sus labios pardos. El ser iguales convierte todo en una marcha fúnebre, en un mismo duelo de hormigas. A mí déjenme comer cuando tenga hambre y morirme cuando tenga ya ganas de morir.

Algo inquietaba al padre Benito. Un día tomó mi cabeza entre sus manos y me espetó la pregunta. Dime pecador, '¿Cuánto tiempo hace que no te confiesas?' 'Padre , nun-nun- nun-ca he-he con-con-fe-fesa-sado'. 'A ver, esa cabeza debe tener tantos pecados como piojos.' Terminé contándole lo de mi tía, lo buena y graciosa que era, y el muy bellaco quiso ir a mi casa para conocerla de cerca. Otro día cerca del confesionario. A ver, '¿qué te dijo o hizo tu tía anoche?' O es que te fuiste como otras veces. Recuerda que la mujer es un instrumento del demonio y tu tía con sus gestos provocadores y sus senos como cuernos de toro es la prueba terminante de un renovado descenso al fuego eterno. Deja que sea yo , hijo , quien le abra el camino, porque, hijo, tú no has podido hacerlo. Sólo le regalarás a tu santo confesor su residencia para que yo pueda, una noche, con el permiso de Dios y los siete Rayos de la Presencia poner fin a ese cataclismo de hembra no lograda, poner fin a la fiebre que lleva esta mujer clavada en su pecho y poner mis manos sobre la llaga, dueña de travesuras ajenas, causante de agravios y nostalgias, y así fomentar el regreso de esa criatura divina al camino de la tranquilidad y el sosiego de la gracia divina.

La traeré aquí, cabezota, y la sentaré aquí para que escuche La Palabra. Pondré su cabeza en mi pecho para aliviar su congoja. Me escuchas hijo. Entonces se irá persignando hasta llegar a su casa. Allí se acostará, conmigo al lado para que yo la proteja de todo lo malo de aquí y de allá'. Y así llegamos a un acuerdo, podría yo subir al campanario cuando aquél pudiera confesar a mi tia. Pero no me animé a regalarle mi dirección porque sólo el pensar verlo en nuestra casa me hubiera hecho vomitar, así que le regalé la dirección de aquella otra muchacha en quien yo tanto pensaba. Y esperaba que la oscuridad estuviera de nuestra parte. ¡Ay mi Elena!

Al salir de la iglesia escuché a la gente comentar lo que salía de la radio: Buques de la marina estadounidense bloquean en esta mañana la isla de Cuba, incrementando la gran amenaza de la Unión Soviética. Tocaba ahora a los correcaminos llevar la noticia a todos los rincones del pueblo. Mas lo que soy no lo sabe nadie. No se lo confesaré ni al párroco, cura puñetero que se pasa velándola desde el campanario. Un empujoncito allí y adiós cura. Sólo los que lean mi historia sabrán juzgarme, dadas las circunstancias en que he vivido. Soy el crujir de huesos pecaminosos. Escondo la tristeza bajo las sábanas mientras pienso (y me he ganado la condenación eterna) en la tía y sus noches. Pienso, no sé cómo pienso en la tía, su bonita risa, en su piel de terciopelo y amapola. En su aroma a aceite de espárrago y aceitunas nigerianas.

Pienso en aquella vez que enfermé, cuando se acostó a mi lado y yo le decía, 'e-eres tan-tan su-su suave, ti-tía, co-como la-la pi-piel de-de esa ser-ser-pi-piente, ¿co-cómo di-dicen que-que-que se lla-llama? ¿Terciopelo? . ¿Por por-qué tu-tus pe- pe-pechos se-se ven tan-tan aso-asom-bra-bra-dos y agitados? Pa-pa-pa-re-recen tan-tan des-des-pi- piertos. Déjame tocarlos tía, y ella, me decía al oido, 'pobre niño, nunca sabrás lo que es el fuego ardiente de tus venas, nunca sabrás lo que es sentir el sudor de otro cuerpo, nunca podrás probar el trueno de la respiración punzadora de otra boca, nunca sabrás lo que es ser hombre dentro de nadie, y nadie arrastrará tu nombre a su tumba.

Pero mi tía nunca supo de aquella tarde: El calor era sofocante, acompañado por la humedad que arrastraba la lluvia de mayo. Mi madre me tomó del brazo y fue a parar adonde la vieja Petra. Esta tenía una hija algo grosera y corpulenta, Zoraida. Vestían ambas de blanco y cubrían sus cabezas con pañuelo blanco. En la mesa del comedor algo hacían mi madre y la vieja con unas hierbas y un vaso de agua. Su hija, mientras tanto, parada detrás de su madre me miraba fijo. No dejaba de mirarme y de clavar su mirada en mi pecho. Desde el otro lado notaba cómo su labio superior mordía con lujuria el labio inferior, entonces una gota de sudor resbaladizo bajaba por su cuello. No sé qué pasaba conmigo, pero sentía que me mareaba y que me iba lejos. Aburrida por la espera y la oración en lenguas me tomó de un brazo y me llevó a su dormitorio. Allí decidió jugar conmigo. La niña tenía dieciséis años y era corpulenta, de huesos fuertes y manos entregadas al trabajo. Quería echar la suerte de la moneda en su cuarto y me dijo, 'si sale cara te montas; pero si no yo gano y me subo'. La moneda en el aire daba volteretas hasta que se detuvo en su mano, la miró y allí comenzó la contienda. En menos de un segundo me vi aplastado entre sus enormes piernas.

Movía sus caderas como las lagartijas mueve sus colas cuando se sienten acorraladas, mientras sostenía mis brazos con su antebrazo. Así pegaba sus labios húmedos a mis oídos mientras decía, '¿no sabes montar a caballo? Pobrecito, los que no montan, se quedan sin mujer, pregúntale a tu madre el porqué. Apuesto que no sientes mi corazón'. Y ponía mi mano frágil sobre su pecho húmedo y desnudo, y éste se estremecía sin control. Mis manos no pudieron resistir y las aparté como si hubiera tocado una llama de fuego. Cuando se desgajó hasta saturar su ansiedad me dejó allí tirado. Ella arregló su vestido. Se puso esmalte en los labios mientras me observaba a través del espejo. Entonces dijo: 'si dices algo te echo por el hueco de la letrina'. Sonrió y salió del cuarto como si nada. Una vez reunidas la escuché decir, 'tu niño ya es todo un hombrecito'.

La tía era lo inevitable e insondable. Era ella su perdición total. Su entrega sin escrúpulos a un cacaraquear de paloma. Son noches de zozobra, momentos de agotado remordimiento cuando es en vano luchar contra ese ardor en la garganta, contra ese sudor de caderas, contra las acechanzas de satanás, sin medir las consecuencias, la persecución por crónicos agravios de enfermos e indóciles pensamientos. Hacer riesgos entre sábanas, manchadas de pecado, pero vírgenes de amor. Descargaba en silencio los himnos impuros cuando a su mente llega la imagen de Elena, Elenita. Elena la buena, la dulce, la tímida y humilde Elena. Ocupa ésta su pensamiento con la misma pasión con que lo ocupa la tía, y en una silla de escuela, la piensa .La piensa sentada en la silla delantera primera fila, primera silla, falda azul marino con cuadritos rosados, hasta las rodillas. Sus lindas piernas que apenas tocan el piso se mueven al ritmo de la lluvia mientras en el charco de su patio, él construía barquitos con cajitas de cigarros Chesterfield. ¿Qué era aquello? Aquello que sentía siempre que pensaba en ella? Ahora era hombre, lo había dicho Zoraida. Elena, una sensación que desconocía. ¡Que lenta la incorporación de la carne! De ese momento lo saca aquella melodía:

> **No puedo verte triste porque me mata,**
> **tu carita de pena, mi dulce amor**
> **Me duele tanto el llanto que tú derramas,**
> **que se llena de angustia mi corazón**

Yo no podré ser hombre como hombre al fin. No podré acercarme. Las veré desde el campanario, como ave rapiña en lo alto del cielo. Mi ritmo es el tambor lejano que se marcha con el viento. Ahora en el día la música es un sonido más. En el monte quedó oculto y enterrado aquel encuentro furtivo, aquellos besos sin aliento, aquellas pisadas de aventura desgarrada. Son dos los secretos que me llevaré al campo santo. El viento mañanero me implora que no entregue palabras vacías al pueblo, que no tome con las manos lo sagrado. No podré confesar lo que he hecho.

La vieja Petra, embrutecida por el licor, con sus pliegues por fuera me mira por la ventana y se ríe 'Hijo' e diablo, tú sí eres lindo. Ven para que aprietes y me consientas mi mar de arena, ven para que chupes de este manantial antes que el veneno llegue a tu sangre'. Se escuchaba la música de la taberna. La vieja se ha quedado dormida añadiendo su silueta a la ventana.

Las mujeres ya despeinadas y despintadas regresan a sus maridos que como sonambulentos esperan. Acompaña mi pensamiento aquella música:

Yo sufro lo indecible si te entristeces.
No quiero que la duda te haga llorar.
Hemos jurado amarnos hasta la muerte y si
los muertos aman,...

Y afuera llueve.

Así me borro también en la noche. Ahora soy el jarro negro de la noche, el cigarro quemado y pisoteado. Vivo la alegría y el misterio de la oscuridad y la penumbra. Ante la luz del candil todos somos sombras, todos somos medio secretos y mientras menos luz más tentadora la atracción. Ahora hago lo que se me antoje ante la luz de la luna. Ahora soy hombre, grande ante la luz del candil. Soy amigo de la noche. Espera, que ahí en el pavimento mojado estriba la luna. También ésta me da la espalda fría y me señala cuando menos espero. También ésta es fría como el anfibio. Tampoco ésta sabe callar mi desgracia. 'Espérate, acércate a la luz, que quiero verte. No finjas, no te escondas, no disimules. Ah, pero si eres tú, Periquito'. Y yo salgo corriendo. 'Si es el hijo de la golondrina. Muchachas, muchachas, miren quien está aquí, el friquisniqui del circo. ¿Quién lo quiere de regalo? ¿A quién se lo regalamos? Se lo daremos a la vieja Petra que está a la ventana, hacen divina pareja. Ella con sus arrugas y pliegues desgajados y él con su cuerpo raquítico y su cabeza de elefante de panteón. Vete, hijo, aprovéchate, que en la noche, lo que tiene una lo tienen todas'. Y bajo su lluvia parece él escuchar aquel compás:

Si yo muero primero es tu promesa sobre mi cadáver dejar caer todo el llanto que brote de tu tristeza y que todos se enteren fui tu querer. Si tú mueres primero yo te prometo que escribiré la historia de nuestro amor con toda el alma llena de sentimientos

Ante un ritmo desesperante, una de ellas se acerca y quiere bailar con él al ritmo del vals lejano. Escóndete luna, lunita, mira que se me acerca y pone sus manos en mi hombro y sus piernas entre mis piernas torcidas. La luna se abre camino y muestra mi rostro de espanto. Entonces las luces de la taberna y las lámparas del pueblo se encienden, todas conspiran y me Traicionan. '¡Ave María purísima, ni loca que esté! Es el hijo de la golondrina. Tendría que estar borracha o loca de remate para pasar un ratito contigo. Asco me dan tus ojos rojos y tu lengua salpicada de ampollas. Asco me dan tus labios, grandes salpicados de hormigas. Tengo sed de hombre, tengo sed, pero tú no eres hombre ni na'. Tú eres un mal de ojos, la maldición, pájaro de mal agüero'. Más allá y desde el viejo radio:

Cuando tú te hayas ido me envolverán las sombras
Cuando tú te hayas ido con mi dolor a solas. Evocaré ese idilio, de las...

Al intentar huir pasó de brazo en brazo como marioneta de trapo. Llegó a un rincón y lo empujaron hacia ella, ella que años atrás lo había sentido tan cerca, ella que había puesto sus manos en él. Manos que olían a reposo en el prado, la maestra, y allí estaba.

Entonces corrió, corrió de veras. Fundido en el silencio espectral de la noche y con los ojos de ventana tras él, corrió. Corrió hasta llegar a su cuarto y empujar con su cuerpo ese momento. Corrió como pingüino, con el brazo izquierdo pegado al cuerpo. Se miró en el espejo roto. Me machucaré, me machucaré. Haré de mi cabeza un pedazo de uva seca, me sacaré los ojos para no tener que verme en el espejo. Cría cuervos y verás, cría cuervos y verás, me machucaré, seguro que me machucaré. Se acostó, cerró sus ojos y notó que un exquisito olor a espárragos y aceituna invadía su lecho. Hasta ahora no la había percibido. Allí estaba. Lo cubrió con sus tiernos brazos, le dio un beso en la mejilla y le pidió que durmiera. 'Mañana será otro día con nuevos estragos. Olvídate de éste'.

Ahora torcía los ojos. Un movimiento involuntario crecía en las articulaciones. Mordió sus labios y su lengua seca parecía una marioneta paseándose de lado a lado en un escenario. Bebió su sangre, agrio el paladar, amargura en la garganta. Ahora sólo era esperar. Siempre he querido huir, alejarme de esta tierra en donde la gente se da la importancia de no servir para nada. Huir adonde no me critiquen, ni me vean, ni me sueñen. Huir a los espacios oscuros, a los espacios sin sombras, adonde los mares mojan la arena y envueltos en una ola amorosa cada uno se anula, huir de los espejos, allá arriba a las montañas, huir de la incertidumbre que trae la tarde. Salir de este estancamiento avasallador de ventana, de este juego de luces, de estas calles pavimentadas de rencor, de estas paredes que oyen.

MINUTO TRES

Y así un día, antes de que amaneciera, se fue caminando por la ruta de aquel circo viejo. Caminó y caminó. Caminó lejos hacia el sur e iba practicando los trucos que lo ayudarían a hacerse útil. Así llegó a un sitio sin nombre, en medio de la fiesta. Aquello era un ambiente de zozobra elevado hasta el extremo ¿Quién podía explicarle a un niño de trece años lo que sucedía? Música de ceremonia, antorchas encendidas por todos lados, hombres disfrazados de carajo tormento. Las máscaras corren de lado a lado y con la noche oscura parece como si flotaran en el aire. Es noche de carnaval. Todos bailan alrededor de una hoguera, vestidos en blanco. La noche enredándose de noche.

Parece como si a la noche le rechinaran los dientes. Las mujeres con sus trajes blancos se lanzan por el suelo y se arrastran bajo el alambrado, dejando sus pechos respirar aire fresco. Allá abajo, hombres las esperan. Allá se abren y se arrastran por el pasto. Se unen el olor a sangre y tierra. Allá, como gusanos, cuerpos heridos que buscan y tiemblan, como guitarras en el fulgor de la madrugada, allá se encuentran cubiertos de sombra y fuego, pero saturados de pasión. Hay entusiasmo de orgasmo caliente en medio del encanto. Gritos de mujer, gemidos de gusto gutural, el monte despierto, raspeo de guitarra, la luna acechando. Dos lagartos que se acercan a un mismo asunto, agitando sus colas en la madrugada, confundidos por las lámparas y antorchas. Más allá raspeo de guitarras, golpes en el cuero del tambor. Y desde una esquina:

Mamá yo quiero saber de dónde son los cantantes que los encuentro galantes y los quiero conocer. Son sus trovas fascinantes que me las quiero aprender

Todo el campo se despierta. Las manos en el tambor, el sudor en las espaldas, dientes que rechinan de gusto y vientres hinchados por la pasión. Es la repetición perdurable de lo prohibido. Encuentros prolongados por el deseo. Gente que no es gente cuando la oscuridad los cubre, cuando lo que está de frente son las estrellas, niños asustados que lloran ante el desamparo de la noche. Comienza el canto:

Ayda Wedo, cumbaye... AYDA CAMBO, CUMBAYE

Una mujer que grita se lanza por una ventana, un machete la persigue. Cae al suelo y se mueve como gallina degollada. Se arrastra por la tierra diciendo en lenguas no se sabe qué cosa. En cierto momento los dedos que estaban clavados en el tambor se detienen. Dos sombras cruzan el alambrado seguidos por la luz de la luna. Sus cabellos resplandecientes de azul.

Ella con sus zapatos blancos en las manos. Él con la camisa abierta y el sudor en su pecho. Se detienen y lo miran. Allí estaba él con sus trece años y un corazón que no le cabía en su pequeño pecho. Comienza la risa. 'Pendejo, ¿por qué no te buscas una mujer? ¿Estabas ahí acechando, ah? ¿Te gustó? Ay Aida Wedo cumbaye, ay cumbaye'. A lo lejos se reanuda el toque del tambor. 'Ay cumbaye' Se ríen, las bocas se abren y muestran el brillo en sus dientes, blancos como la luna. La mujer le baila alrededor. Se acerca y le pregunta, '¿De quién eres?

Tú no eres de por aquí.' Entonces me baila alrededor y me muestra las flores rosadas de su pecho mientras mueve sus hombros y caderas al ritmo del tambor. Se seca el sudor de su pecho con su mano y me lo lleva a los labios. Siento algo salado y una sensación de vuelo se apodera de mí. Entonces corro. No sé de qué lado está el mundo pero corro a mi manera, con mi brazo izquierdo muerto a mi lado, como aleta de pescado. ¿De qué lado está el mundo? ¿En dónde están los alambrados? En este momento me gustaría ser el viento para arrastrarlo todo. Este caparazón de huesos, que es mi cuerpo, no me deja correr.

Aida wedo ... cambo cumbaye

Que me tengo que ir, que la nada me espera, que regreso a aquello que no fui, que me anulo en mis abismos y delirios, en mis noches sin fortuna.

Al otro lado de la puerta, su hermana llamaba suavemente, Gregor, ¿Te pasa algo?¿Quieres algo? A ambos lados Gregor contestó, estoy preparado ya, e hizo un intento, por medio de una pronunciación cuidadosa e insertando largas pautas entre cada palabra para eliminar cualquier cosa en su voz que lo pudiera traicionar.

(La metamorfosis)

Me eché a correr por el monte, de brinco como saltamontes. Estuve perdido tres horas. Hay gran diferencia entre correr y dar saltos. A veces cuando sueño doy unos saltos tan lejos que casi levanto vuelo. Es como dejarse ir, como abandonarse y anularse en el viento. Allí estuve tirado hasta que los pájaros en lo alto del cielo me tomaron en cuenta, Allí mis párpados se cerraron ante la luz cegadora del sol. Allí estaba otra vez, mirando al suelo. Sus zapatos eran rocas sembradas que sufrían el sagrado sacrificio del relativo reposo de la voluntad. Y no podía correr, taciturno, mustio y apocado. Así miraba al cielo y se decía, '¿qué los hace volar?' Allí quieto los miraba cómo levantaban vuelo y se perdían en el filo azul del cielo. Dos pájaros sobre una ramita se agitaban a esa hora de la mañana, y se leían las intenciones en uno.

Es esa su naturaleza. No había reloj pero sí un sopor insondable que a esa hora creaba cierto desvarío. La tierra era blanca como un relámpago y el calor implacable. Uno sobre el otro caía, sin palabras. Entonces se alejaba, buscando vuelo después del triunfo. Cómo movía sus alas hasta hacerse perder y desaparecer en el verde azul del cielo.

Entonces un ave enorme se me acerca, me mira y levanta sus enormes garras en desafío. Llega a mí y me quiere arrancar de la tierra. Sus garras en mi cabello y sus enormes ojos de avión, como botones negros en los trajes de las viejas, me miran, pero sin vida. Entonces comienza a arrastrarme tratando de hacer vuelo. Es una contienda sin palabras, sus enormes garras, sus grandes ojos, el viento, sus alas, mis manos que se agarran a la tierra, a las raíces, a la vida, sálveme quien pueda. ¡ Ay Santo Dios!. Qué falta de sutileza, y los poetas los quieren y les regalan poesía. Pero el ave de rapiña lo dejó allí tirado.

También huyó de él. 'Regresa, arráncame de este suelo, sácame los ojos'. Es ahí en el suelo donde ve su sombra reflejada hacerse chica. Alas estiradas que se pelean al viento. Se quedó solo y buscó que la sombra de los árboles se apiadara y lo protegiera. Estos árboles, soldados testigos de la contienda, siguen ahí de pie, tan dominantes y altaneros, mirando a lo largo, cuando ya la luz del día comienza a perturbar sus ojos.

Cuando regresó a su pueblo un día después, a la aurora, todo estaba tranquilo. Nadie lo esperaba. Nadie lo echó de menos. Es como si nada hubiera ocurrido. Las vacas tranquilas comían hierba en el pasto. Miran a uno como si uno les fuera a tomar una fotografía. En el monte suceden cosas, es como si todo cobrara vida cuando uno se encuentra solo. Es como si todo respirara. Hay ojos por doquier.

Los árboles parecen seguir a uno y detenerse precisamente en el momento que uno se detiene. El sonido de chicharas y grillos entorpece los sentidos. El silencio mismo en medio del calor sofocante, parece articular una melodía de fuentes lejanas, música de violines. Con una mirada lánguida y desenfocada se ven las ramas cambiar de verde vejiga a verde cinabrio y los árboles bailan en verde limón. Entonces desde mi jaula, hola, vivo en este huequito. Aquí tengo un agujerito por el que puedo respirar. Aquí puedo jugar a camuflaje, en medio del relampagueo de la tarde. Huye que ahí viene el camaleón, vestido de verde vejiga y se va a joder porque a nadie va a coger. La tierra se abre en pedazos y me cobijo de sombras fantasmagóricas entre los árboles. Cómo te quiero, Elenita, y así te abrazo, te beso y te...

Elenita, tu voz, no hecha para pronunciar improperios, maledicencia y deseos lujuriosos, tu voz angelical y tus palabras. Deja caer el vaso sobre la mesa. El líquido se derrama. Un líquido amarillo y espeso. El sigue con la vista la ruta prolongada del néctar amarillo ocre. El líquido crea una cicatriz profunda en la mesa, algo así como las vías del tren, por la que pueden transitar las hormigas, siempre y cuando no beban de la substancia prohibida.

Si pudiera dejar grabado su nombre, Elena. Si pudiera dejar un mensaje escrito para ella. Qué cosas diría. ¿Yo? ¿Qué cosas? Nada. Yo no puedo decir nada. ¿Podría alguien esperar que yo dijera algo? ¿Podría alguien tomarme en serio? A ver, ¿Qué digo? Soy yo, Perico, aquél ser doblado, aquel pingüino, aquel que el borracho dejó caer. Soy yo, el que se sentaba junto a ti en la escuela, el que recogía rosas para dártelas pero nunca tuve el coraje de hacerlo. Si quieres verme, ven en la noche, cuando me veo mejor. Ven en las noches sin luna, porque no me puedo arriesgar. Qué cosas quisiera decirte, amiga, perdóname. Hay quienes tengan mucho que decir sin tener que desgastarse en un balbuceo de bisílabas y trisílabas sin sentido. En Alemania había un desamparado idiota que repetía la teoría de la relatividad de Einstein en la plaza pública y tan perfecta era su imitación que cuando Einstein olvidaba una parte de su teoría, iba a la plaza disfrazado de idiota para poder escuchar la repetición del tonto disfrazado de prodigio. Yo soy cosa inmunda. ¿Podría pretender no serlo con Elena? ¿Podría ella ver en mí otra cosa que no fuera el escarabajo morboso? ¿Podría yo mandarle una nota desde el anonimato de un anhelo escondido? ¿Podría yo decir lo que siento, y que mi decir fuera fiel a lo que siento? ¿Pueden mis labios sonreír sin que provoquen dolor ajeno? ¿Podría yo escribir dos líneas románticas para aliviar mi tormento. ¿Tendría yo el coraje de escribir según pienso? Dime, '¿Te duele el rostro?' Sólo cuando río.

Gruo tua me. Gruo tua me Glu-glu-Danbhalah-Wedo O simbo, libiem, manma

Me siento más aliviado después de decir esto. Dice la tía que la mujer ya no está para mensajes en flor. Ahora la mujer es igual, pero a la vez quiere que la traten diferente.

Ser igual significa eliminar la atadura, pero también significa dejar de ser diferente. Pues ¿Cuál de los dos demonios es peor? ¿O quiere que la traten diferente o quiere que la traten como a los demás?. El patito feo no quería ser feo. Se convirtió en un cisne, pero dejó de ser pato. ¡Qué bueno!, Ya no soy feo. Ahora soy un... ¿Un qué? ¿Qué soy? ¿Soy un cisne? Pero eso es negar mi dignidad de pato. ¿Es que ser cisne es mejor que ser pato? ¿Quién me va a reconocer ahora que mi madre no me reclama? La madre pata no sabe quién soy y la madre cisne esperaba ver brotar del agua a su hijo pato. No, no, no, yo quiero ser lo que era porque por lo menos era.

Necesitaría él manos y brazos para incorporarse, pero en vez de eso tenía sólo numerosas patitas, las que parecían moverse en dirección perpetua y lo que, además, él no podía controlar. (La metamorfosis)

Mi vida, que pronto será cosa del pasado, no es vida sin ti. Eres en cada momento un consuelo para las imágenes perdidas en la retina de mi pensamiento. El poderte reconstruir en la distancia se ha convertido en mi tarea inmediata. Me veo reconstruir tu cuello, tu cabello, tus ojos, tu mirada. Mi dicha en el presente estriba en haber estado tan cerca de ti, mi Elena, que hasta podía verme pequeñito en tu retina. Podía ver también mis ojos reflejados en los tuyos. Mi dicha ha sido el poder escuchar el aire entregarse a tu paladar, el haberme mojado con la misma lluvia, en haberme convertido en el estrado de tus pies. No sabes quién soy pero sabré quererte aun cuando el último de mis huesos se entregue al canto del sepulturero. Pienso en ti, Elena, mi Elena, aún cuando mi tía ocupa cuatro octavos de mi pensamiento. En las noches de soledad y desespero no sé en quién pienso, siete minutos en ti y siete minutos en ella, hasta que mi cuerpo queda inerme y mi boca toda abierta bajo el alivio de mis torcidos sueños. Llega aquel momento cuando me abandono a la entrega total entre nombres hasta quedarme dormido mientras los besos de ambas se pelean mi entrega.

Y desde la habitación de mi tía se escucha el canto:

Yo no pienso más que en ella por ahora Es terrible esta pasión devoradora y ella siempre sin saber, sin si quiera sospechar mi deseo de volver

Soy el blanco oscuro. Eso soy. Nacido cuando un relámpago encendido convirtió en naufrago lo vivido y carbonizó la fe y la esperanza. Soy la levadura lanzada a la cueva del estancamiento. Miserable de mí. ¿Por qué Dios ha dado a todos algo, sí sabiduría, elegancia, riqueza y a mí no me ha dado nada? Nada no, porque me dio, esto, oscuridad, incertidumbre, desasosiego. Me introdujo a la nada. Creó este fenómeno y encima de todo le ha dado luz a mis ojos para que se encuentren ante el espejo. He visto mi figura desarticulada arrastrarse por las calles y callejones en busca de un lugar de amparo y he pensado si soy yo ése que en las noches se convierte en derrame de pecado, en bésame mucho, acaba de una vez; en impulsos frenéticos y sentimientos mal encontrados, o si soy el otro, el que da su vueltecita a escondidas durante el día, como quien no quiere la cosa, si soy el mismo que sube al campanario de la iglesia para hacerle compañía a un cura viejo, en un sitio resbaladizo por la mierda de paloma. Difícil es tocar las campanas sin resbalarse en la porquería hasta sentir el vértigo del ocaso. Si soy el mismo que en el día mira hacia abajo cuando por la plaza pasa mi Elena y en la noche me convierto en púrpura encendida, si soy el mismo que me convertiría en abuela para llevarle manzanas a Elenita. Si soy el mismo que piensa en ti, ay en ti, en las tardes de sol delirante, escondido entre los matorrales de la iglesia. ¿Por qué no vienes solita a buscar cerezas al monte? Dime por qué no vienes, Elena.   Te vi a los diez años por vez primera en aquella silla que recogía tu peso de reina y te he seguido viendo aun cuando no había nada que ver. Pero nunca me he dirigido a ti. Todo lo que soy te lo entrego a ti. ¿Y si se fija en mí?

¿Y si me habla? ¿Qué hago entonces? Y si me dice, preséntate entonces, acércate, déjame ver tu rostro. ¿Qué hago? Y si me dice, 'te he sentido en mis sueños, te quiero en mis sueños como un hongo quiere las plantas vecinas.   'Te he visto llegar a mí, vestido de blanco, con pañuelo en el saco, con sombrero ancho. He visto tus ojos encontrarse con los míos, tus ojos bellos, tus manos grandes. Te he visto buscarme en medio de la desesperación de la tarde y el perdón de los pecados, anunciados por el clamor de campanas. La plaza en solitario, la plaza es nuestra, solos tú y yo como si nos fuéramos a duelo, mi amor. Sólo tú y yo bajo la lluvia de marzo. Sólo nuestros aromas, amapola el mío, aceite castor el tuyo. Nos miramos de esquina a esquina. Siempre esperando este encuentro'. Qué diría yo? No la he podido sacar de mi pensamiento desde aquella vez que la vi sentada en una esquina del salón. Aún era una niña, una pobre niña de mierda. Yo, desde la parte trasera la vi y la veía todos los días hasta que dejé la escuela, y de aquel día, cuando la vi salir apresurada de la iglesia y correr desesperada bajo la lluvia, atravesando la plaza pública. Pero ella no estaba sola, una mirada cómplice la acechaba desde la oscuridad del templo. Ella ya tendría sus trece años. Era una niña custodiada por su madre, aquélla siempre a su lado. Pero esta vez estaba sola. En busca de refugio llegó allí, en donde también yo escampaba de la tormenta, en el viejo almacén de Ezequiel el árabe, hombre de cincuenta años, de abdomen monumental. Allí también estaban sus alfombras. Cuando entré lo escuché gritar desde la trastienda, 'cuidado con las alfombras que si se mojan no podrán volar, entonces no podré regresar a mi pueblo'.

En eso llegó ella, asustada y exhausta, más alta que yo, con blusa blanca, que se tornaba rosada al adherirse a su pecho mojado. Parecían dos cuernitos de cabra agitados. Quedé frente a su pecho, que subía y bajaba como mar adentro. Me miró tratando de controlar las aletas nasales que también sufrían obvio desespero y se expandían agitadas por la respiración. Allí quedé convertido en estatua de arena. La sangre, ese torrente sanguíneo corría desesperada por mis venas. Allí, como si allí hubiera nacido, como si fuera una figurita de porcelana barata en medio del establecimiento. Ezequiel le dio una toalla para que se secara el cabello. Al secárselo, con la cabeza inclinada, me vio. Se fijó en mí. Quiso sonreír, no pudo, una lágrima le amargaba los labios. Su mirada era ahora diferente, ya era de la tierra, del monte adentro, y sus ojos, unos ojos lánguidos que querían contener el llanto. Entonces se acercó y me murmuró al oído, como para que no se le escapara una sola sílaba: 'mátalo'.

Quiso retenerme después de la confesión. 'No te vayas. Te podría ayudar'. Le había contado mi deshonra. Allí cuando permanecí quieta, pudiendo gritar para impedir que se subiera como serpiente a mi cama, quieta junto a un cuerpo frío como una concha. 'Calla, soy tu ángel de la guarda que viene a cuidarte esta noche. Sólo quiero estarme quieto aquí a tu lado y cuidar tu reposo. No grites porque entonces tu hermana se enterará de las cositas que has hecho con el mequetrefe de tu sobrino'. No sé de qué hablaba, ¿qué sobrino y qué hermana? Mas bien ahí me quedé, quieta, pensando quién podría ser éste que me tanteaba. Pensé en Ezequiel y en sus bromas y allí me quedé, esperando que dieran las cinco de la mañana y que tocaran las campanas, pero me quedé dormida y al parecer esa mañana las campanas no sonaron. Me quedé dormida y no pude medir el alcance de sus manos.

En la madrugada, cuando tocaron a la puerta, 'niña, que vas a llegar tarde a la escuela. Ven para que tomes un poquito de café, niña que vas a perder la primera hora', estaba sola y hundida hasta las costillas en mi sudor de penas. ¿Qué había pasado? Sólo que ahora, en la confesión creo que he vuelto a escuchar aquella voz en la penumbra del templo. Aun así he confesado, no mi pecado sino el de no haber gritado, el no haber temblado, el no haber corrido como ahora lo hago para evitarlo. 'No te vayas que está lloviendo. Ven, que además soy psicólogo y tú necesitas mi ayuda profesional para que aprendas a olvidar. Como cura te ayudo ante

Dios, pero como psicólogo te ayudaré para que te defiendas del mequetrefe ése'.

A mí también se me cerraban los párpados en la tarde, Ven, enséñame tu cara, ven, dime que siempre has sido mía, ven que quiero morder tu cuello de mármol y quiero besar tus manos de monja. Ven que te extraño. ¿Y entonces? A veces hay silencio y autenticidad en el silencio. ¿Por qué decir a oídos ciegos? ¿Por qué mostrar a ojos sordos? 'Con-Confieso, pa-padre q-que he ppecado'. '¿Qué pecados puedes tener tú, un mequetrefe como tú?' 'Pppadre, c-cuando es-estttaba enen ppprimer gggrado le totoque la rrrodilla a la ma-maestra y tt-tuve qqque ir al bbbaño' . 'Esa es una ofensa muy grave, niño ¿y lo de tu tía? ¿Qué me dices de tu tía? Dime, ¿sigue con el jueguito de Caperucita?' 'NNNo pppadre, ya no ppone pprpretextos, pepero sssoy mmuy ffeliz cucucuando se arrastra en mmmi cccama y se qqqueda ddormida dejando sus cu,cu,er,er,po al ddescccubierto y la-la mmmitad de sssu pppecho.

Duermecc con supp pulgar en la boca, cccomo niña iinocente, y cccuando aaabre sssus ojos, ssonríe a la vez qqque maulla como gata. En- ntonces mmme ddice, mi-mirarme mmmal pppuedes, pppero cocomerme no'. 'Esa provocación es lujuria, hijo mío. ¿Acaso no lo sabes? Dios quiere que seamos tristes, que vivamos en la solemnidad de Felipe II. Y dime, ¿hasta dónde muestra sus piernas esa tiíta tuya? ¿Son medias caladas las que usa? Me gustaría presenciar sus actos y condenarla para siempre. Y dime, ¿qué haces tú mientras ella duerme?'.

Las manos son una extensión del cuerpo, pero parecen tan independientes. Cuántas cosas se puede hacer con las manos. Somos conscientes de ellas y por lo tanto las vendemos como obreros alegres. Al pintor gusta pintarlas sobre el piano, especialmente las manos de mujer, pero cuando veo a Elenita, o cuando mi tía se monta en el papel de niña traviesa, mis manos se sienten como piel de gallina. Perdón padre. Y desde afuera la música rompía el silencio:

El día que me olvides alma mía,
yo sé que existirás en mi pensar,
al verme solo, triste y olvidado,
mi vida la haría arrancar.
Hay cosas que se reciben con
resignación. Hay golpes que el
destino da sin compasión...

Dios mío, dame valor para cargar con esta condena. ¿Qué te hice para merecer este castigo? Maldito sea el padre que lo engendró. Lo único que yo he hecho en esta vida es mirar al techo y contar las gotas de lluvia verde que caen sobre mi cama mientras el hombre sacia su sed de hembra. Cuando salgo a la calle todos me miran y huyen de mí como si yo fuera la hebra de hilo podrido...Y los más que huyen son aquellos que se han arropado en mis faldas y han bebido de mi néctar. De día me huyen, pero en la noche vuelven como almas. Esas noveleras del carajo. ¿Para qué sirven? Que no me piquen la lengua, que no me piquen la lengua. ¡Cabezas de carajo! Sé lo que sus esposos piensan de ellas. Hombres frustrados por el olor a cebolla, la mezcla de cemento, la maquinaria y el hierro; derretidos por el sol de mediodía. Temblando llegan a mi cama, sudando de desesperación, hombres con el olor a vinagre en sus bocas, hijos de mierda. Hombres que se lamentan porque se pierden en la barriga de la hembra, porque no pueden tener más hijos. Se pasan el día montados en una película, 'ay ven para acá que estoy que reviento, ay déjame tocarte otra vez, ay cuando te coja', y cuando llega la hora del té, 'no sé qué pasa que no me responde, no me llega, no me hace nada'. Hombres desesperados, sobre todo, porque no saben si sus hijos son sus hijos. 'No puede ser mío, esas orejas puntiagudas no son mías. No puede ser mío, es muy pequeño... Quítate de ahí, mujer y vente aquí a mi lado para que el compadre no te toque, para que el hijo de puta de tu padrino no ponga sus manos en tu pecho.Y dime, ¿hubo otro? Dime la verdad que no te voy a hacer na' Sólo machucaré al hijo e put' que se acostó contigo. Dime, que yo me sé controlar'. Mujeres de rincón. Sé cómo se quedan patas arriba, mirándose las uñas, porque sus maridos no terminan, porque sus maridos buscan un remedio en el alimento, que si mariscos, que si camarones con salsa de hipopótamo, que si los científicos han inventado una pastillita que hace que tu marido se parezca a los monos de Tanzania, para arriba compadre, tres veces al día. ¡Ay Dios mío, qué poca vergüenza!' Hay remedio para esas mujercitas que se quedan mirando el techo goterear, y luego la noche, y más luego las arañas que salen de los huequitos en busca de alimento para sus crías. Hombres del carajo, gusanos de tierra, mujeres arañas, patas apuntando a las nubes y los hombres que las cubren mientras sueñan conmigo, o tal vez con mi hermana, ese olor hecho hembra, esa tentación con sabor a convento y monjitas que ríen mientras hornean el pan. Mi hermana, pobre hermana. Lo de mi hijo es otra cosa. Dios me lo dio. Nunca cupo en mi imaginación que yo tuviera un hijo así. A veces pido al gran poder que se apiade de mí y se lleve al mal parido que lo echó al río. En falta de médicos hice todo lo posible por curarlo. Hasta le preparé té de gusarapo y lo bañé con aceites de sábila dulce. Pero desde pequeño se vio que quedaría deshecho, que parecería una frase incompleta, un desarreglo de músculos y huesos.

Se ha dicho que las primeras palabras que un crío dice son mamá, mamá. No sé qué pasó con el mío porque hasta esa etapa superó. Lo primero que dijo fue tía, tía. Por eso ésta lo quiere bien y es para él como una segunda madre. Es más, me atrevería a decir que es más que una madre para él. La buena de mi hermana lo lleva a la escuela, lo baña cuando regresa y lo acompaña cuando él siente frio. Fue ella quien le dio la teta por vez primera y se la siguió dando aún cuando no tenía nada que dar. Supongo que lo alimentó por intervención divina. Jamás podré pagarle el bien que me ha hecho. Yo no podría atender a mi hijo y a esos hombres a la vez. Esa hermana mía que hoy anda por los rincones de la casa tocándose el vientre como una recién casada. Yo no sé qué misterio es ése, y ella allá encerrada. Apenas sale de la casa para comprar sus espárragos, vuelve y se encierra. No siempre fue así. Ella que era alegre, que salía todos los días al río, y que llevaba a mi hijo a la escuela. Entonces se apagó.

MINUTO CUATRO

Mi pobre hermana'.

'¡Cómo me tiembla el ímpetus de la razón! Ese ayer nunca llegará! De bruces en la cama, con las manos en flor frente al pecho. Soy mi pasado. Vestida de luna nueva. Ningún hombre vendrá a mi lecho. Todos se fueron. Ninguno vendrá a asomarse al fuego ardiente de mis ojos, ninguno podrá cubrir con su sudor mi pecho y envolver mi cintura de luces. Hombres, no me miren tras las rendijas de mi cuarto, ni se orinen en mi patio. Si quieren verme, entren, me encontrarán sola, mirando al cielo. Me encontrarán como ustedes me imaginan, rodeada de sábanas blancas, perfumada de gardenias, bañada de amapolas.

Hasta ahora me han visto en fragmentos de agujeros. Han explorado las partes más íntimas de mi cuerpo, pero jamás podrán poner sus manos en mi vientre, jamás podrán beber de mi manantial tibio. Y sus bocas jamás podrán decir fue mía'.

Mas ésta no podrá olvidar aquella tarde en la que el calor la llevó al río. Allí estaba el caminito que cruzaba el monte, castigado por el sol de mediodía. Allí estaban también los árboles que parecían muertos en vida, ni una hoja se movía, ni una sola. Ante la luz cegadora del sol y junto a aquellos árboles, juntó su mirada a la de él y vio su oscura silueta. Cómo puede ser que el destino jugara así con ella. No podía ver su cara porque la medalla de oro que aquél llevaba prendida en su pecho la cegaba. Entonces él no pudo contener el desafío del deseo y todo su cuerpo se estremeció. No sabía si reír o llorar. Ella creía haber visto aquella figura alguna vez, pero no sabía dónde ni cuándo. Así que aceleró sus pasos. Los pies de la silueta la siguieron acelerando junto con los suyos.

De momento el cerro el paso y ella comenzó la carrera. Ambos ahora corrían. Ella con su falda larga y su cabellera suelta. El hombre llevaba el color de la noche encima. Corta la respiración al ritmo de los pasos, pechos exhaustos por la anticipación y el cansancio. Ella no pudo más y allí cayó, dos pasos del río. Ambos se arrastraron y rodaron hasta sentir sus cuerpos mojarse con la corriente que iba no se sabe adónde. Los perros comenzaron a ladrar. Ella esperaba ver su blusa volar con el primer zarpazo y sentir aquellas manos nerviosas arrancarle lo poco que llevaba encima, ay, su manos de un sutil incorruptible. Esperaba perder lo que había protegido hasta entonces, pero la realidad fue menos elocuente. Cuando ya sus cuerpos dejaron de rodar y quedaron quietos, allí en medio de la tarde y en medio de aquel sopor, se levantó éste, con aire de arrepentido intento. Allí estaba ella, todavía entre sus piernas, prisionera y vulnerable. Encendió aquél un cigarro, lanzó el fósforo en el agua y siguió río arriba envuelto en un llanto de arrepentimiento.

Ella entonces, bajo una incontrolable ira, comenzó a gritarle y a suplicarle que terminara lo que había comenzado, 'no eres hombre ni na' si no regresas a hacer lo que viniste a hacer. Regresa, hijo de puta, maricón'. Terminó ella por romper su blusa con sus manos y mostrar al mundo su palpitante pecho, antes de penetrar en el río y quedarse allí hasta que el sol quedó ahogado entre las rocas. Allí esperó y sus lágrimas barnizadas por el río allí se ahogaron. Ahora ella no sería la misma. Ahora sus carnes se contraían con el frío del agua.

Su sonrisa se marchitó para siempre. Regresaba a su casa vacía como silueta. Su cabello ahora le pesaba sobre sus hombros desnudos. Cerraría la puerta de su cuarto y cerraría sus ventanas de una vez y para siempre. Ya no la verían cruzar la plaza. Cada hombre deja su legado. Eso fue lo que el suyo dejó hace apenas siete años.

Ahora las gotas de sudor empapan su visión frontal. Es un sudor frío que lo hace estremecerse como se estremecen los peces atrapados entre las rocas. Llamen a Elena que la quiero ver. No me dejen solo. ¿De qué debo arrepentirme? ¿De haber caído ante la única mujer que se ha percatado en mi existencia? Esta ha sido la única mujer que se ha mirado en mis ojos y me ha dicho 'ahora me tienes en tus pupilas' No, no me arrepiento de nada. Denme el derecho , tan siquiera , de decir mil improperios en el momento en que me consuma el aire, el aire y otras mentiras. Concédanme el derecho de gritar y patalear antes que se me pronuncie muerto. Denme el derecho de escuchar el lamentable canto del gitano antes que el sepulturero cubra con tierra húmeda mi tumba.

He esperado su regreso como el rocío espera el alba. Las lágrimas se secaron en mi piel, dejando las huellas de los años, los caminos se cubrieron de pincullos. Él no llegó. Aquí estaré, enterrada en vida y para siempre. El techo se desplomará con el peso de los años. El río seguirá su curso y los árboles seguirán siendo testigos de aquel momento. Aquel hombre me tuvo en sus brazos. Sentí desvanecer con su aliento. Sentí su peso desplomarse contra mi cuerpo, sentí el objeto brillante que llevaba en su pecho ahogarse en el mío, pero él no fue mío ni yo de él. Huyó y me dejó tirada en medio de la tarde, y los árboles muertos de vergüenza.

Quedé allí, mirando al cielo. He sabido esperar mis siete años. Por las rendijas de mi cuarto lo he buscado, aquella silueta quieta en medio del bosque. He esperado que baje el camino y llegue a mi huerto, allí donde los minúsculos hombres se orinan al imaginarse no sé qué cosas. De mí no tendrán qué decir. Cuando me descubran aquí, ya con mi mirada congelada, dirán, tan hermosa e inmaculada. Ellos no sabrán. Subiré al cielo limpia, sin mancha de pecado. Seré virgen, virgen para quien quiera creerlo. Mi única falla ha sido ese sietemesino, pecador entre pecadores. Hombre ahora asombrado por su propia sombra. Niño que se meció en mi vientre, el que venía en las noches, asustado por la congoja del viento y se quedaba hasta la madrugada, ese niño que buscaba caliente entre mis piernas, como si hubiera sido hijo de lobos, ese niño que vivía entre el sueño y la vigilia, mordió con sus dientes afilados mi cuello desnudo. Buscó degollar con su pequeño cuerpo lo que es mío. Nunca imaginé que un niño de su edad fuera tan pervertido. Comenzó a dormir conmigo desde los cuatro años y lo siguió haciendo hasta que su cuerpo quiso estar en el mío a las dos de la mañana. 'Niño, ¿qué haces? Duérmete. ¡Mira la hora que es!' 'Tí- tí-a, mi tía, ¿en dón- dónde es-está mi-mi-mi me-media?' 'Ay niño', maldita la perversidad de los objetos inanimados. 'Ten-ten-ten-go frío, tía, cú, cu, cubreme, tía, cú,cúbreme con, con tus-tus-tus bra- brazos. Con-con-si-siénteme tía, que tengo miedo'. Aún recuerdo la primera vez. Afuera la lluvia y los relámpagos no cesaban y rompían el paisaje en pedazos de piedra seca. Todo era color de muerte.

Escuché unos golpecitos a la puerta, como la quinta sinfonía de Beethoven, ta, ta, ta ,ta: 'dé-dejame en-en-tra-arr que ten-ten-go mi-mi-mi-miedo'. Entró, se acercó, 'ay tía que-que-que me co-co- ge el- el mon-mons-truo de Frankenstein. Dé-de-jame a-aquí, yo du-du-duermo en el pi-pi-so'. Lo vi tan insignificante que le sugerí durmiera a mis pies. Así subió a la cama y se acomodó como pudo. Él se me quedó mirando. '¿Qué pasa chico, tengo monos en la cara?' 'No tí- ti-tia, lo-lo qu-que p-pa-sasa es-es que-que te-te pa-pareces a C-C- Cappperurucita. Mi-Mi-Mi ma- maestra cu-cu-cuenta esa histo- historia con-con mu-mu-mu-mucha gra-gracia. Ca-Casi meme mojo en mismis panpantalonci-citos'. A mí esto no me interesaba, pero el diablillo seguía. '¿Por quequé nono meme la cucuentas tútú?' Así lo hice. En el momento que iba por la parte donde el lobo dice, 'para comerte a ti' ,el muy pícaro estaba encaramándose por mis piernas. Allí estaba su cabeza grande también. No sé qué buscaba el muy pícaro por ahí pero al encontrarlo se quedó tan quieto como un caracol de mar. Y así se quedó dormido.

Durante un tiempo luché por alejarlo de mí pero mi resistencia de hembra sola no fue suficiente. Seis años estuvimos con los juegos bélicos y baños fluviales hasta que una noche quiso hundir toda su desesperación en mí cuerpo quieto. De eso me acuerdo como sueño de ayer. Después de esto convirtió sus visitas en una rutina. Se inventaba cualquier pretexto para llegar a mi cama, 'ay quque sisi hay gri-grillos dededebajo dedede la caca-ma, ay, queque si oigo pa-pa-pasos dede fan-fan-fanmas enen el papatio, te traje un ves, ves titido rosado de mi mamami para queque tete lo midas'. Se alborotaba todo al verme cambiar de ropa. Entonces se tiraba en la cama porque las piernas no lo sostenían. Era como si todo el universo conspirara contra mí para que éste cumpliera su deseo, pero él no podría. Ese sería mi legado. No sé por qué nunca se lo dije a mi hermana. Quizá el hecho que estaba sola y esto me entretenía, quizá mi propia inseguridad. No sé.

Luché por separarlo de mí pero no pude; para entonces tendría que decírselo a mi hermana y ella me echaría seguramente de la casa. No sé si el mequetrefe éste lo sabía pero creo que cada día se sentía más confiado en que esa noche sí habría función en mi lecho. Así en las tardes me daba señales pueriles de que esa noche era la noche, y así trataba de tocar mis intimidades cuando pasaba frente a él. Ya esto era una conspiración y nosotros los conspiradores. A mí ya no me daba lástima el mequetrefe éste, sino que me había llenado de odio e indignación. Estaba en una situación sin salida. Así comenzó a presentarse a mi cuarto mejor bañado y peinado. También trajo algunos espejos, no para mirarse sino para que yo me mirara frente a él mientras él hacía de pre digitador.

Treinta y nueve años tengo, virgen para el que quiera creerlo, virgen de artimaña. No sé qué hacer de mi vida. Aquí me entrego a San Esteban, a quien sea, a alguien que me alumbre el camino y regrese mi cabeza a mi sitio. Aquí encerrada siento cómo mi cuerpo se descompone ante el espejo, cómo las carnes se expanden en ansias de suicidio; cómo mis ojos se hacen tristes y oblicuos, ojos apagados, cómo mis labios se marchitan y se quiebran, cómo mis pechos se agrietan y buscan consuelo. Sordas voces del pasado llegan en cúmulos de recuerdos.

También son éstos una piltrafa de lo que fueron. Recuerdos que oran juntos para no hundirse en el desamparo de la nada.

A los veinte años ha vivido lo que ha vivido. Es simplemente el recuerdo de una canción lejana, una ráfaga de viento saturado de dolor, una cama vacía en la inmensidad del desierto, sueños de conejos y gusarapos, lujuria soñada y mañanas convertidos en saltamontes de verde olivo. Que no amanezca nunca, que mis ojos no sufran con lo nuevo de la mañana, que mi pecho no se agite por un balazo de culpas, que mi aliento pase desapercibido con sus sollozos en solitario, con mi semblante de ahogado. Ahora las muecas son dobles en el espejo. Sollozos sepultados en vidrio herido, canto de siluetas, bendito sea Dios, hundidas en la pared del vicio. Aquí me dejo ir. Soy mi propia creación. Tendré que destruir el monstruo creado, manos en el vidrio, sucumbir ante el agravio; veneno que las ratas no tocan. Arenas del insomnio, duermo el remordimiento de vírgenes necias, el ahogo de mis pecados, sufragio de purificación en la noche del pecado. Te beso en silencio sepultado por ánimas de olvido. Hundiéndose en su llanto, vuelo de moscas que van y vienen buscando, como los hombres, vivir el momento, manos sutiles que tiemblan, vómitos de palabras obscenas, sacrilegio de murciélagos ciegos ante la luz que los sorprende en el día. Su rostro comienza a quebrantarse y adquiere un color pardo, como motita de algodón gris. Sus ojos buscan la orientación perdida ante un ocaso que se muere solo. La mesa da volteretas, la sangre hierve en sus venas, como gusano en tierra seca en busca de humedad, el vacío en el vacío. Cobardía, son cobardes aquellos que hacen lo que él ahora ha hecho. Los lirios en la mesa fallecen ante la calma y el desdén, los jirones se apagan sin la esperanza de reconciliar su fuego. En una charca de aguas verdes dos sapos croan, Confundidos estamos entre el agua y el fango, pero también queremos cielo y por eso pasamos una vida mirando la bóveda celeste. Un sapo viejo se rasca una oreja con la patita trasera y piensa, 'las estrellas están lejos, no hay que pensar en ellas'.

Sapos incorporados en sus patas caminan como embriones de barriga, instalados en su sustancia fría y gelatinosa, sus rostros cubiertos de espuma blanca. Abren sus bocas para cuando las moscas susurren en sus oídos y se arriesguen a cruzar entre sus rostros. Cae rendido en el suelo haciendo volteretas, como gallina degollada, la cabeza para un lado, el cuerpo para el otro. En fragmentos de segundos la vida pasa. Imágenes subliminales pasan por su mente. Ahí tiene sus vivencias, ante sus ojos. Lo triste es irse sin decir adiós. Sin poder haber dicho en la vida un 'te quiero', sin poder haber recibido en la vida una caricia de amor verdadero.

Como cerdo en el fango, gritando de dolor al ser descuartizado por dentro. Su último acto, el más valiente, es el de vaciarse en un grito desaforado, que llegue al rincón más remoto de la tierra, allí donde el cura esconde el vino para que nadie lo beba.

MINUTO CINCO

Saturado de dolor se encuentra, como cuando una madre pierde a un hijo, pero él era el hijo por el que nadie sufriría. El sería un nombre olvidado. Los ojos desorbitados giraban descontrolados y sin medida. Buscaban la orientación que nunca habían tenido. Buscaban un bendito sea Dios, buscaban un 'Ave María purísima'. Ahora se incorporaba otra vez. Falsa alarma. No me arrepiento, sobre todo, de... perdóname, perdóname pero no me arrepiento de dar rienda suelta a mi deseo, de mi vida de sacrilegios, ni de mi lujuria. Tendría que confesarlo todo, y no es éste el momento. ¿Cómo mencionar aquellas tardes en las que me vestía con los pañitos blancos de mi tía, su ajustador y sus bragas y me ponía sus tacones para pasearme de un lado a otro de su habitación? Si yo fuera ella me entregaría al primero en vez de esa espera.

Entonces yo mismo creía ser mi tía, y me abrazaba a la imagen del espejo, tratando de soñar una pasión decorada, buscando calor en el hielo, luz en la sombra, risa en el llanto, calma en el tesoro místico de los santos y sosiego en el doble de campanas. Aquí me postro ante ti, desnudo para que veas el producto de tu creación y te rías. No tengo nada que ocultar, todo siempre ha estado por fuera. Aquí estoy para que me castigues y me des latigazos. Puedes hacer de mí lo que quieras, soy tu ensayo, tu torcido, tu Frankenstein. Quiero que me destruyas y que de mí no quede huella. Lo del padre Benito es otra cosa. Nadie lo mandó a ser tan morboso. Y que subir al campanario a deshoras sólo para mirar. 'Sube para que veas a Dios entre las nubes. Para que te acoja y te proteja'. Olvidó la mierda de paloma. ¡Ay mi madre!

Allí estaba tirado otra vez, aleteando como pájaro herido, Cómo se ruboriza y tiembla todo mi cuerpo frente a la vida. Mi cuerpo de niño enfermo. Cómo huelen mejor las azucenas, los lirios y las rosas de este lado. Forma una cruz en el suelo y deja que el sol se abrace a él, agilidad en sus movimientos, pese a sus piernas torcidas. Allí estaba otra vez, un momento feliz, y por eso quería el momento perdurable, que fuera siempre presente y así, trataba de recoger la luz del día y abría la boca, como aquel reptil gigantesco, para tragarse el momento,

'pa-para que-que te-te-te que-quedes con- conmigo'.
Y así dormitaba, al son de otra canción:

> **Amor, cuando tú sientas amor**
> **verá todo rosa los colores habrá**
> **mil en todos los sabores,**
> **y amor en todo lo que es amor.**
> **Amo es el milagro de la vida...**
> **la única magnífica emoción Amor es**
> **lo que siento yo en el alma**

Yo no iré al cielo, no, el cielo no es para mí.
Que vainas se le ocurren a ése, y que poner a
uno a prueba. Él siembra la semilla y después no
quiere que crezca. Este es un jueguito pueril. Ya
era hora de que se pusiera serio y dejara de jugar
con uno. No, no entiendo un carajo. Este ente sólo
piensa en castigos y más castigos, una eternidad
inventando nuevos métodos de castigar, en poblar
la tierra de ratas, sapos e insectos, en flagelar los
mares de sangre y en sembrar plagas y más plagas.
Y todo porque dos seres le fallaron. A muchos nos
castiga aquí en la tierra, si no, mírenme y miren
mi cuerpo torcido. Y encima de esto espera que
yo sea obediente, que no sufra de iras ni rencores.
Entonces, si soy obediente aquí me ganaré aquello.
Allí podré ir a divertirme de lo lindo. Allí dejaré de
ser lo que soy y no se reirán de mí. ¿Y qué castigo

tendrán si se ríen? Entonces no seré yo el que esté allá, ¿cuáles atributos llevaré al otro lado? y cómo contribuiré al desarrollo y el bienestar de ese sitio? ¿Será mi pedacito de cielo un circo donde todos tendremos alguna anomalía? Es decir, ¿habrá un cielo para los ricos; otro para los pobres, otro para los asesinos arrepentidos, otro para los suicidas trasnochados, otro para los del otro bando, otro para las prostitutas explotadas, otro para los mártires? No creo que los acomodados estén de acuerdo en compartir el mismo cielo.

Ellos, de alguna manera, tratarán de sacar partida y comenzarán a expandirse allá en el cielo. Algunos comenzarán a buscar el 'cielo prometido' y siempre habrá un Moisés que esté dispuesto a ayudarlos. Venderán pedacitos de cielo no contaminado, con aguas cristalinas y limpias. Los que lleguen primero tomarán el mejor suelo, o sea, cielo. Se harán dueños de la situación, de sus particiones, 'Por aquí no hay paso'.

'Aquí no se estacione'. Los últimos en llegar tendrán que arrendar o someterse al trato que en nuestros países se les da a los extranjeros. Allá también veremos linderos que nos separen los unos de otros y perros que ladren a los intrusos. En los caminos más peligrosos del paraíso habrá rótulos dirigidos a los iletrados que lean, 'bruto, si no sabes leer te matas'. Allá también habrá luchas por parcelas y quién sabe, por el oro y el petróleo. Allá también habrá dictadores y tiranos, si no los hay ya. No se estará como querube en el cielo. Y algún día llegarán:

> **De dónde serán, ay mamá Serán de La Habana Serán de Santiago, Tierra soberana. Son de la loma Cantan en llano, Ya verá, ya verá.**
> **Mamá , ellos son de la loma...**

Cuando me encuentren carcomido ya por la polilla y con mi piel de un verde olivo, no sabrán lo mucho que la quise. No sabrán que el dolor más grande es querer y no ser amado. Fueron muchas las ocasiones en que me las ingenié buscando el afecto del objeto amado, casi me desangro el pellejo para que ella viera mi sangre derramarse y configurar en cicatrices su nombre, Elena, la Elenita que no sabe bordar ni tejer, ni hacer castillos de arena, para que pudiera responder a mi llamado de leproso, mas no lo hizo. Me imaginé ser su Tarzán de Tanzanía, y así luché contra leones, serpientes y cocodrilos, pero nunca acudió a mi grito descomunal y desgarrador. Quizá no se enteró que era yo quien de lejos la acechaba. Fui yo el culpable de su desgracia, pero no podía permitir que mi tía sufriera la deshonra bajo mi propio techo.

Una mañana al pueblo lo sacudió la noticia que el padre Benito se había votado del campanario. Allí estaba en el pavimento. Su sangre corría por todo aquello. Nunca se había visto tanta sangre. Antes de morir quería hablar, no quería irse en medio de la pena moral. Quería decir algo, y yo, desde lo alto, esperaba que cerrara sus ojos antes de que comenzara a pronunciar los nombres.

El muy tonto quería que fuera el padre Lázaro Rodríguez quien lo confesara, pero esa mañana el padre Lázaro había recibido órdenes superiores de trasladarse Inmediatamente a otra parroquia que estaba a seis millas de distancia. Ya iba a mitad del camino en su burrito cuando el primer corredor le dio alcance, y es que las calles del pueblo estaban en tan mal estado que era imposible para los autos transitar sin quedar atrapados en éstas y sin que los empujaran los cuatro hombres más fuertes del pueblo. A esto se le agregaba el enorme gentío que debido a la eventualidad se había congregado por las cuatro calles principales del pueblo. Así que el pueblo contaba con sus cuatro corredores de fondo, a quienes apodaban de 'correcaminos' debido a que siempre se la pasaban de aquí para allá y de allá para acá. Estos, para tener algo con qué comer llevaban y traían las buenas nuevas, que si Casious Clay se hace campeón del peso pesado, que si matan a Malcom X , que si hay atentado contra la vida de Fidel, y así hasta que un buen día el más ágil de estos corredores encontró una nota bajo su puerta en la que se les advertía que callaran el pico y que si seguían alimentando a los enemigos de la democracia iban a sufrir la misma suerte que los anteriores, y aún mucho peor. Cuando el correcaminos alcanzó al cura le pidió que regresara, 'mire que he roto mi marca personal de cuatro minutos la milla porque se nos muere y no ha confesado, por el amor de Dios'.

Entonces el padre Lázaro respondió. 'Dígale que vaya con Dios, que sus pecados le son perdonados, que hoy mismo estará con Dios y con los siete ángeles de la presencia'. Pero esto no es lo que el pueblo quería. Estos querían una confesión con todos los pormenores, una que viniera acompañada por los gritos de las lloronas, quienes también recibían una buena paga por su espectáculo, una que sirviera de tema por buen tiempo. Aquello de que no hubiera curas en el pueblo en nada los perplejaba, lo que en realidad los molestó fue lo de encontrarse perdidos en el tiempo pues no podrían escuchar más la resonancia del campanario.

Seguirían pecando y ahora con más razón pues dirían que Dios los había sacado de su mirada. Seguirían arriesgándose en la oscuridad del monte, pero ahora dependerían del cantar del gallo para correr de regreso a los brazos conyugales que no hacían más que prolongar las malas horas. Así que el padre Benito hacía un esfuerzo inaudito por decir algo para que el corredor que diera inicio al triángulo reconciliatorio pudiera repetir para sí lo que había escuchado de los labios del penitente y saliera a toda prisa a dar alcance a un segundo corredor, a quien repetiría lo escuchado. Este otro haría por su parte lo mismo. Correrían la misma distancia. Siendo así y asumiendo que cada corredor hacía el trecho de una milla en cuatro minutos, cada pecado llegaría a oídos del padre Lázaro a los doce minutos. Así también la respuesta de éste, para la que utilizaban otros tres corredores frescos, cosa que entre el pecado y la exoneración transcurrirían, más o menos, veinticuatro minutos. En ese momento a alguien se le ocurrió que sería mejor, dado el caso que el cura tuviese tres o más pecados, utilizar el altavoz del almacén de Ezequiel el árabe, para que el cura se confesara ante el pueblo todo, pues si había vivido como santo no habría nada que temer, pero cuando fueron allá, el negocio todavía estaba cerrado y no se sabía en dónde estaba su dueño, pues cuando fueron a su casa habían encontrado a su mujer trasnochada e inmamable porque 'esa mosquita muerta me las pagará. Mi marido era decente hasta que llegó aquí'. La verdad es que ni aun en las apariciones de Garabandal se había visto a la gente en tal estado de turbación, un grupo corriendo para aquí, otro corriendo para allá, cinco lloronas esperando que les dieran la señal para comenzar el llanto, y en medio de todo esto, el padre. Todo éste quedó roto, allí tirado en el suelo en medio de un dolor mudo. Rota quedó también su cadena de oro . Parte de ésta penetró dos pulgadas y le separó el esófago en dos, Algo para lo que no estaban preparados los correcaminos era que se les exigiese memorizarse párrafos completos como así lo requería esta situación y no frases subordinadas al verso octosílabo. Así que tuvieron que desistir de su buena intención y correr a pedirle disculpas al padre Lázaro para que éste pudiera seguir su camino en paz. Ya para entonces se había logrado instalar los parlantes en el altar mayor de la iglesia y puesto un micrófono al alcance del padre Benito, a quien envolvieron en una manta púrpura y lo arrastraron hasta los escalones del altar mientras él gesticulaba ademanes de bendición a todos los que a topetazos y empujones lograron tomar asiento para presenciar algo tan novedoso y solemne, como era aquello de que el cura se confesara con el pueblo todo. ¿Cómo decir todo lo que estaba en su mente? Nunca tuve la vocación del sacerdocio. Ingresé en el seminario porque en el Colegio Sagrado Corazón, en donde estudié hasta los diecisiete años, se había corrido la palabra de que yo tenía vocación de santo.

Fue Sor Agustina la que convenció a mis padres meterme en aquel seminario, muy lejos del pecado, lejos del billar, lejos del cine, lejos de Carol Baker e Isabel Sarli, a quienes vi en pantalla gigante por primera vez a los catorce años y lo hice porque el padre Lázaro nos había advertido y nos había amenazado con decir en misa los nombres de aquellos que él reconociera en el salón del cine Ya para entonces nos habíamos forjado una novedad, Tarzán no era el único que se presentaba desnudo en la pantalla. Los chicos salieron muy contentos del teatro y en medio de su euforia comenzaron a gritar el nombre de la actriz hasta que el delirio, más que el cansancio, los venció. Ingresé en el seminario muy frustrado pues ahora ya conocía. Llevaba en el seminario siete años y me había resignado a esa vida recogida, hasta que vi a Raquel, la muchacha que le hacía el lavado y planchado a los seminaristas y desde entonces no tuve sosiego. Años después, ya al servicio de Dios, procuraba no pensar en ella. Cuántas veces me flagelé la espalda enfurecida al ver que no la olvidaba, pero cuántas veces deseé tropezármela en mis saliditas vespertinas; hasta que un día salí a dar los santos óleos y en el río me la encontré. Allí estábamos los dos, solitos, pero yo no fui capaz entonces, aunque motivos no me faltaron para serlo. Allí la tuve, entre mis brazos y ella no hizo nada para evitarlo. Estaba allí para entregar más que perder su mejor prenda. Entonces la dejé ir, como agua entre mis manos. Ella me hubiera reconocido, hubiera sido un escándalo. Meses después, fue el renacuajo de su sobrino quien me ayudó a encontrarla en la penumbra de la noche, sólo que esta vez la encontré cambiada. No era la misma y en la oscuridad parecía una chica asustada. Allí estuvo y no gritó. A mí las preguntas me danzaban en la mente, hasta que una confesión lo aclaró todo. Cuando salió corriendo de la iglesia algo me decía que no era la misma y un temblor recorrió todo mi cuerpo. He sufrido con el miedo de que en algún momento alguien vendría a acusarme. Ahora soy su Esteban. Hagan conmigo según quieran.

Allí estaban todos los curiosos, escuchando la confesión y yo todavía en el campanario haciendo no sé qué, tal vez huyendo de la gente, de mí mismo. Desde allá arriba lo veía todo, la gente corriendo como gallinas, de aquí para allá y de allá para acá, los niños mojándose en la fuente de la plaza pública, las lloronas gritando y halándose de los cabellos y el pobre padre Benito, con la cabeza para un lado y el cuerpo para el otro. Ahora es mi momento. Ya son siete años de silencio y de espera, siete años sin dormir. Quizá el pueblo ya lo haya olvidado, pero todavía ahí está ella y estoy yo, mirándola desde lo lejos, detrás de los árboles y las rosas, detrás de las lápidas del cementerio, esperando el momento. Siete años mirando su ventana desde la distancia, siete años bajo la lluvia de la madrugada, con el frío en la garganta, esperando el momento. Desde el atrio de la iglesia eché la carrera. Ya nada ni nadie me detendrían. Ahora sí era verdad. Le gritaría lo que llevaba escondido en mi pecho, que ya era hora de que hablásemos ella y yo. Corrí mordiéndome las lágrimas y con su nombre en la garganta. 'Ele- Ele- Eleni-ta, las- las-las flores son- son para ti'. Recogió de todas las mejores rosas, para poner en su ventana.

Fue cuando los sentí echar una carrera a través de toda la casa, pasando entre los pasillos fantasmales donde se escondían las fotos en blanco y negro de los que al parecer jamás habían existido, tropezando entre paredes hasta llegar al otro lado de una habitación que olía a planchado de sábanas. Casi se sale por la ventana en el momento que agarró las flores y se asomó para enfrentar al caballero que las traía Sacó su cuerpo hasta las caderas porque si risa no la podía contener el marco de la ventana.   Entonces la vi y ya no era la Elena soñada, no, ésta era una mujer de mirada fría y calculadora, de labios rojos y rebeldes. Esta era Elena, no Elenita. Entonces de sus labios la sonrisa falleció. Entonces asomó la cabeza él, hasta ahora su abdomen no le había permitido hacerlo. Ambos rieron. Este era Ezequiel, ahora más grueso y más viejo. No sé qué él hacía allí. Lo vi fuera de lugar, como salido de uno de esos cuentos árabes.

Entre sílabas aliteradas confesé: 'lo ma, ma, ma té, por, por ti lo, lo hice'. Elenita ya tendría veinte años y había olvidado. 'Ay carai, si eres tú, Perico, cuando se ha visto un leproso de alcanfor tan jodido como tú. Me dirigí a ti hace siete años y ahora quieres hacerte responsable de la desgracia, y ¿quién te dijo que a mí me gustaban las flores? Vamos a ver. Las flores son para los muertos y yo todavía estoy vivita. Además aquí las tenemos de plástico, ésas no se mueren nunca. Pero qué suerte la mía, Dios mío, que de mí no se fije quien quiero y que un desvalido de mierda, descarado del carajo, lleve años dándole vueltas a la casa día y noche. Aquí he estado, con el esplendor de la noche, casi con el pecho por fuera, para que un dignatario cualquiera, con jurisdicción y mando, se fije en mí y al otro día me llame a su oficina y me tenga a su izquierda entre tantas botellas y me dé un regalito, porque a mi derecha ya tengo quien me cuide, ¿no, Ezequiel?   Sin embargo, los únicos que se apiadan de tanto alboroto son los mosquitos que me atacan, repartiéndose las partes más espléndidas de mi cuerpo, y el bobo de la golondrina'. Y a oídos sordos la música crece:

Qué me has dado vida mía que ando triste noche
y día rodando siempre tu esquina mirando siempre tu casa y esta pasión que me lastima este dolor que no pasa...

'Y que flores a mí, hasta ésas tenemos, y que flores. Apreciaría mejor que me regalasen un auto del año, una casa o quien sabe, un viajecito a la luna, ahora que el hombre ha de llegar a esos contornos, según ellos dicen, quién sabe, una vaca para no tener que irme de piruja, como sucedió con la Tacha, aquella que al perder su vaca por las lluvias crepusculares de mayo tuvo que dedicarse a subirse encima de todos los hombres vírgenes de su generación y aún los de la próxima'.

Mortificaré mis carnes si Elena no responde a mi llamado. Aún conservo aquella botella de refresco en donde ella puso sus labios más de una vez. De entre los escombros de la basura saqué su cepillo dental, así podré llegar a lo más íntimo de su boca. Hoy beso sus labios cada vez que me llevo la botella a la boca. ¿Por qué no se fija en mi esta niña malcriada? Tendré que hacer como hizo Cuasimodo y llevármela a la fuerza. Cargaré con ella hasta la cima más alta para que nunca den con nosotros y una vez solos, ella y yo, aprenderá a quererme. Me la llevaré, aunque no sea ésta la Elena soñada. Nos perseguirán con piedras en las manos, alumbrarán la noche con sus antorchas buscando nuestro refugio, pero antes de llegar a ti tendrán que pasar por mi cadáver. He manchado mis manos de sangre por ti.

Uno de los dos esqueletos, el de una mujer, todavía llevaba alguna ropa andrajosa, aparentemente de un material que fue alguna vez blanco. En su cuello llevaba un hilo de cuentas de semillas de adrezarach, junto con una bolsita de ceda decorada con espejitos verdes, el que estaba abierto y vacío... El otro esqueleto, que sostenía al primero en sus brazos, era de un hombre. Se notaba que su espina dorsal estaba doblada, la cabeza comprimida entre los hombros, y que una pierna era más corta que la

otra. No había fractura en su vertebra, por lo que se asume que no lo habían ahorcado.

(El jorobado de Notre Dame).

Te escondere en donde no podrán encontrarte, en los campanarios, bajo los alcantarillados de la calle, en el mismo campo santo. Tus huesos se unirán a los míos como adversarios antiguos en un mismo abrazo, hasta confundirnos. Tendrán que enterrarnos juntos, Elenita De La O, y serás mía para siempre. Hubiera querido que esto se convirtiera en un triangulo de huesos, en el que también incluyéramos a mi tia Raquel, pero mi tía, la pobre, ya no está para estas cosas . Ya ha perdido mucho de su esplendor. Ya sus carnes no ponen la misma gravedad y comienzan a salirse de sus huesos. En pocos años parecera una piltrafa humana y nadie tendrá el recuerdo más efímero de su belleza.

Y en la cantina:

Hasta cuándo iré sufriendo el tormento de tu amor.
Este pobre corazón que no la olvida.
Me la nombra
con los labios la herida

Ya era hora de tomar una determinación. Ya estaba bien de recuerdos, ya su historia estaba escrita y ahora era sólo la espera. Se había incorporado un momento porque aquello que buscaba no llegaba, y salió a un corto trecho en busca de aliento, pero el peso de su cabeza se abatía contra su pecho. Es mucho lo que me has atormentado con tus leyes imposibles de cumplir. Leyes que tú mismo no podrías cumplir. 'Adiós hijo 'e puta, y que siga la música'.

Pudo no haber oído el tren, quizá no lo quiso oír. Allí cayó, tal vez por el peso de sus sueños, tal vez porque sus piernas torcidas ya no daban para más, tal vez porque el veneno ahora sí hacía efecto. No pudo evitar aquella fuerza descomunal que le separó la cabeza del resto del cuerpo, y se acordó que siendo niño su madre le había hecho lo mismo a una gallina. Así su deseo también quedó tronchado, como en un sueño. Al otro día los correcaminos llevarían la noticia por todo el pueblo. Perico había muerto degollado al caer sobre las vías del tren justo en el momento que entonaba su canción.

Al caer, ya derrumbado en el suelo vio su rostro transformado en el capricho que le ofrecía aquel resplandeciente metal, y lo vio limpio, sereno y con todo el rigor simétrico de una pintura. Entonces recordó los labios tiernos y sonrientes de aquella dama misteriosa que se veía en todas partes. Aquella cabeza sola, separada de su cuerpo, hacía lo que hizo María Antonieta dos siglos antes, cuando tuvo sus seis segundos de triunfo. Su cabeza rodó por el suelo y no se detuvo hasta articular su sentencia. 'En el infierno los espero, hijos de puta'. Así cerró sus ojos y los dejó cerrados para siempre. Así también Perico dejó de ser lo que jamás había sido. Y desde la vieja esquina se entonaba la canción:

> **Si yo llego a saber que Perico era sordo yo paro el tren, el pobre Perico.**
> **Quítate de la vía, Perico, que ahí viene el tren.**
> **Quítate de la vía, Perico,**
>
> **que ahí viene el tren.**

Printed in the United States
by Baker & Taylor Publisher Services